1 Classes grammaticales et fonctions des mots

OUTILS DE LANGUE Révision

Les classes de mots

- Chaque mot appartient à une **classe grammaticale**.

- Un groupe de mots appartient à la classe grammaticale du **mot noyau** du groupe →
  - **groupe nominal** (GN) — *Ex. : la mère de ma voisine*
  - **groupe adjectival** — *Ex. : fort en mathématiques*
  - **groupe verbal** — *Ex. : (elle) vient manger*
  - **groupe adverbial** — *Ex. : jamais de la vie*

La fonction des mots et des groupes de mots

Un mot (ou un groupe de mots) joue un **rôle grammatical** par rapport aux autres mots de la phrase où il est employé. Cette **fonction** s'exerce :

– par rapport à un **nom** → épithète, complément du nom
*Ex. : les **joues** rouges*

– par rapport à un **adjectif** → complément de l'adjectif
*Ex. : Il est **rouge** de colère.*

– par rapport au **verbe** de la proposition → sujet, complément d'objet direct (COD), complément d'objet indirect (COI), complément d'objet second (COS), complément d'agent
*Ex. : Un **oncle** de Swann* **venait** *de* **laisser** *près de quatre-vingts millions à la jeune fille.*
(Un oncle de Swann : sujet du verbe *venir* ; de laisser près de quatre-vingts millions à la jeune fille : COI du verbe *venir* ; près de quatre-vingts millions : COD du verbe *laisser* ; à la jeune fille : COI/COS du verbe *laisser*)

– par l'intermédiaire du verbe de la proposition → attribut du sujet, attribut du COD → n°2 p. 8
*Ex. : Ses **joues** sont devenues toutes rouges.* | *Je déclare l'**accusé** coupable.*
(toutes rouges : attribut du sujet *joues* ; coupable : attribut du COD *accusé*)

– par rapport à toute la **proposition** → compléments circonstanciels
Ex. : Et la nuit durant, dans le gourbi misérable,
(Et la nuit durant : complément de temps ; dans le gourbi misérable : complément de lieu)
une ronde rampante de corps couchés se déroule sans arrêt. (Albert Camus)
(proposition)

ENTRAÎNEMENT

★ **1 Classez chacune des dix classes dans la bonne catégorie.**

adverbes • conjonctions de coordination • noms • verbes • conjonctions de subordination
déterminants • adjectifs • interjections • pronoms • prépositions

Classes de mots variables	Classes de mots invariables
1.	6. ....
2.	7. ....
3.	8. ....
4.	9. ....
5.	10. ....

Nouveau

Des mini-liens donnant un accès direct à de multiples ressources

vidéo de démonstration

MINI-LIENS
voir la démo :
minilienrobert.com/1F2000

✔ **200 exercices interactifs pour travailler la grammaire en autonomie**
Tapez le lien qui apparaît sur chaque fiche et les exercices s'affichent !

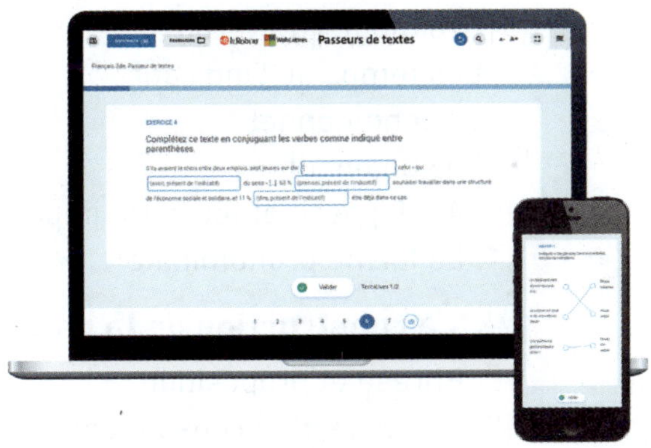

✔ **Un test de positionnement pour bien démarrer**

MINI-LIENS
Test de positionnement :
minilienrobert.com/1F2test

✔ **Des fiches supplémentaires en lien avec les œuvres imposées au programme de 1re**

MINI-LIENS
Fiches œuvres imposées :
minilienrobert.com/1F2bac

✔ **Les textes au format DYS**

MINI-LIENS
Textes DYS :
minilienrobert.com/1F2dys

Toutes les ressources sont également disponibles sur le site lyceen.lerobert.com

Sommaire

★ **2 Complétez les définitions avec les mots suivants :** adjectival • infinitif • pronominal • nominal

– le groupe .... : *les voitures rouges*
– le groupe .... : *plaisants à lire*
– le groupe .... : *pour aller au marché*
– le groupe .... : *ceux de la ville d'à côté*

★ **3 Reliez ces mots à leur(s) classe(s) grammaticale(s).**

adjectif
verbe
conjonction

vers • souvent • à • il • autant • veut • rouge • qui • parce que • et • parmi • pourtant

adverbe
préposition
substantif
pronom

★★ **4 Analysez la classe grammaticale et la fonction des mots ou groupes de mots soulignés.**

Ah ! cette première affaire, elle est un cauchemar, pour qui la connaît dans ses détails vrais ! Le commandant du Paty de Clam arrête Dreyfus, le met au secret. Il court chez madame Dreyfus, la terrorise, lui dit que, si elle parle, son mari est perdu. Pendant ce temps, le malheureux s'arrachait la chair, hurlait son innocence.

Émile Zola, « J'accuse », *L'Aurore*, 13 janvier 1898.

première : ....
un cauchemar : ....
arrête : ....
met : ....
chez Madame Dreyfus : ....
la : ....
lui : ....
Pendant ce temps : ....

★★★ **5 Donnez la classe grammaticale et la fonction des groupes de mots en gras ci-dessous.**

1. On raconte que, **dans la chambre du conseil**, les juges allaient naturellement acquitter. (Émile Zola)

Classe : .... Fonction : ....
Classe : .... Fonction : ....

2. Le bordereau était **depuis quelque temps déjà** entre les mains du colonel Sandherr, **directeur du bureau des renseignements**. (Émile Zola)

Classe : .... Fonction : ....
Classe : .... Fonction : ....

VERS L'ANALYSE

A noir, E blanc, I rouge, U vert, O bleu : voyelles,
Je dirai quelque jour vos naissances latentes :
A, noir corset velu des mouches éclatantes
Qui bombinent autour des puanteurs cruelles,

Golfes d'ombre ; E, candeur des vapeurs et des tentes,
Lances des glaciers fiers, rois blancs, frissons d'ombelles ;
I, pourpres, sang craché, rire des lèvres belles
Dans la colère ou les ivresses pénitentes ;

U, cycles, vibrements divins des mers virides,
Paix des pâtis semés d'animaux, paix des rides
Que l'alchimie imprime aux grands fronts studieux ;

O, suprême Clairon plein des strideurs étranges,
Silences traversés des Mondes et des Anges :
– O l'Oméga, rayon violet de Ses Yeux ! –

Arthur Rimbaud, « Voyelles », 1883.

1. Quel effet produit l'association de chaque voyelle à un adjectif de couleur ?

2. L'utilisation d'adjectifs se poursuit-elle dans la suite du poème ? Quelle impression se dégage de l'emploi de ces adjectifs ?

MINI-LIENS
exercices interactifs :
minilienrobert.com/1F2001

2 Les compléments d'objet et le verbe

OUTILS DE LANGUE Révision

Les compléments d'objet

Il y a **trois types de compléments d'objet** : les compléments d'objet direct (COD), indirect (COI) et second (COS).

Les verbes transitifs, intransitifs, attributifs

- Il y a des verbes dits **transitifs**, **intransitifs** et **attributifs**.
- Les **verbes transitifs** s'emploient toujours avec **un ou des compléments d'objet**. Ces compléments peuvent avoir pour fonction **COD**, **COI** ou **COS**.

Quand un verbe transitif appelle un COD, on dit qu'il est **transitif direct**.

Ex. : vendre + COD ⇢ Il a vendu sa maison.

Quand un verbe transitif appelle un COI, on dit qu'il est **transitif indirect**.

Ex. : manger + COI ⇢ Il a mangé de la viande.

- Les **verbes intransitifs** s'emploient **sans complément**. *Ex. : pleuvoir ⇢ Il pleut.*
- Les **verbes attributifs** introduisent un **attribut du sujet**.

être, paraître, sembler, demeurer, devenir, avoir l'air, passer pour, etc. *Ex. : Il semble inquiet.* (**attribut du sujet *il***)

ENTRAÎNEMENT

★ 1 Complétez la leçon ci-dessous et indiquez la fonction des groupes de mots soulignés (COD, COI, COS).

- Le complément d'objet ...., CO....., est ainsi désigné parce qu'il est relié directement au verbe.
  Ex. : Elle attend une lettre. ⇢ ....
- Le complément d'objet ...., CO....., est ainsi désigné parce qu'il est relié au verbe par une préposition. L'article peut être contracté : à le = ..., de le = ..., de les = ...
  Ex. : Il sourit au facteur. ⇢ ....
- S'il y a un CO..... et un CO....., le second est nommé complément d'objet ...., ou CO......
  Les deux compléments peuvent être situés l'un à la suite de l'autre ou de part et d'autre du verbe.
  Ex. : Il envoie une lettre à son grand-père. ⇢ .... + ...
  Ex. : Il lui envoie une lettre. ⇢ .... + ...

★ 2 Quelle est la fonction des groupes de mots soulignés ? Cochez la case ou les cases qui conviennent.

1. Pensez à nourrir les poissons rouges !	☐ COD	☐ COI	☐ COS
2. Le député adresse ses remerciements à ses électeurs.	☐ COD	☐ COI	☐ COS
3. Le sanglier a échappé aux chasseurs.	☐ COD	☐ COI	☐ COS
4. Elle espère tous les jours l'arrivée d'une lettre.	☐ COD	☐ COI	☐ COS
5. Il donne du pain à sa grand-mère.	☐ COD	☐ COI	☐ COS
6. Personne n'aurait parié sur le succès de ce film.	☐ COD	☐ COI	☐ COS

★★ 3 Surlignez les compléments du verbe souligné et indiquez leur fonction.

Vous ne lui aviez pas annoncé votre arrivée.

....

★★ **4** **Précisez la fonction des mots et groupes de mots soulignés (COD, COI ou COS).**

Un chien l'aide à garder ses bêtes.

l' : fonction : .... **à garder ses bêtes :** fonction : .... **ses bêtes :** fonction : ....

★★ **5** **Surlignez les verbes conjugués en rouge s'ils sont intransitifs et en vert s'ils sont transitifs.**

Mon oncle, malheureusement, ne jouissait pas d'une extrême facilité de prononciation, sinon dans l'intimité, au moins quand il parlait en public [...]. En effet, dans ses démonstrations au Johannaeum, souvent le professeur [...] luttait contre un mot récalcitrant qui ne voulait pas glisser entre ses lèvres, un de ces mots qui résistent.

Jules Verne, *Voyage au centre de la Terre*, 1867.

★★ **6** **Indiquez entre parenthèses si le verbe est transitif direct (TD), transitif indirect (TI), intransitif (I) ou attributif (A).**

En 1854, Pasteur partit (..........) pour Lille et il y devint (..........) doyen de la faculté des sciences et professeur de chimie. Il participa (..........) à des études sur la fermentation et publia (..........) en 1857 deux mémoires sur ce sujet.

★★ **7** **Ici, chaque phrase illustre un sens de *passer* : reliez-la à la construction qui convient.**

- a. *Il passe la balle à son coéquipier* •
- b. *Tu lui passes tous ses caprices !* •
- c. *Le suspect passe aux aveux.* •
- d. *Elle passe pour une artiste.* •
- e. *Comme le temps passe !* •
- f. *La voiture a passé le portail.* •

- • 1. Transitif direct (verbe + COD)
- • 2. Transitif indirect (verbe + COI)
- • 3. Transitif direct et indirect (verbe + COD + COS)
- • 4. Attributif (verbe + attribut)
- • 5. Transitif indirect et direct (COI + verbe + COD)
- • 6. Intransitif (verbe seul)

OUTILS DE LANGUE Révision

La polysémie des verbes

Certains verbes peuvent être employés avec ou sans complément. On dit qu'ils sont en construction transitive ou en construction intransitive.

Ex. : Le spectacle commence. → intransitif *Je commence à m'ennuyer.* → transitif

Parmi ces verbes, certains changent de sens en fonction de leur construction.

Ex. : Le miroir réfléchit la lumière. / Je réfléchis.

VERS L'ANALYSE

Vous auriez bien dû rester neutre ;
Où vais-je vous larder, dindon ? ...
Dans le flanc, sous votre maheutre ? ...
Au cœur, sous votre bleu cordon ? ...
– Les coquilles tintent, ding-don !
Ma pointe voltige : une mouche !
Décidément... c'est au bedon,
Qu'à la fin de l'envoi, je touche.

Edmond Rostand, *Cyrano de Bergerac*, I, 4, 1897.

1. Surlignez les verbes en construction intransitive.

2. En quoi cet emploi ajoute-t-il du rythme à la tirade ?

MINI-LIENS exercices interactifs : **minilienrobert.com/1F2002**

3 L'attribut du sujet et du COD

OUTILS DE LANGUE Révision

• **L'attribut du sujet** exprime une caractéristique du sujet. Il est relié au sujet par un verbe d'état (*être, sembler, paraître*, etc.).
Cet attribut du sujet peut être un **adjectif**, un **nom** ou un **GN**, un **pronom**, un **groupe infinitif**, une **proposition subordonnée**.

Ex. : Les sans-abri sont souvent ***fatigués*** *et* ***malades*** (adjectifs).

• **L'attribut du COD** exprime une caractéristique du COD.
L'attribut du COD peut être un adjectif, un participe, un nom ou GN, un pronom.

Ex. : On a appelé les gens (COD) *qui vivent dans la rue des SDF* (attribut du COD).

L'attribut du sujet

• L'attribut du sujet se distingue du COD par le verbe utilisé pour le relier au sujet.

• Les verbes servant à relier le sujet à son attribut sont des **verbes d'état** ou **attributifs** (*être, sembler, paraître*, etc.).
D'autres verbes peuvent introduire des attributs du sujet : des **verbes intransitifs** (*arriver, tomber*), des **verbes au passif** (*être appelé*), des **locutions verbales** (*passer pour*).

Ex. : Il passe pour moins intelligent qu'il n'est.
(Il : sujet ; intelligent : attribut)

L'attribut du COD

• Certains verbes transitifs exprimant un jugement, une perception, un changement ou une dénomination (*appeler*) **relient un COD à un attribut du COD**.

• L'attribut du COD peut être un **adjectif**, un **participe**, un **nom** ou un **GN**, un **pronom**.

Ex. : Je trouve ce garçon inquiet.
(ce garçon : GN COD ; inquiet : adjectif attribut du COD)

ENTRAÎNEMENT

★ **1 Le mot souligné est-il attribut du sujet ?**

	Oui	Non
1. Ton ami me semble amusant.	☐	☐
2. Tous le trouvaient amusant.	☐	☐
3. Cette histoire amusante l'avait diverti.	☐	☐
4. Rien n'est prêt !	☐	☐
5. Nous les trouvons magnifiques.	☐	☐
6. Nous avons trouvé les magnifiques cadeaux sur la cheminée.	☐	☐

★ **2 Surlignez le COD, puis soulignez son attribut ou ses attributs.**

1. Ces inventions nous rendent la vie plus facile.
2. Nous avons trouvé cet article très intéressant et original.
3. Le professeur estime ce commentaire tout à fait pertinent.

★★ 3 Retrouvez le COD auquel est relié l'attribut du COD souligné.

1. Cette expérience l'a laissée sans voix. ....
2. Pierre trouve ce roman passionnant. ....
3. Vous avez jugé cette condamnation disproportionnée. ....

★ 4 Surlignez l'attribut du sujet.

1. Il est demeuré prudent pendant toute l'expédition.
2. Les amis sont souvent un soutien très utile.
3. Ils le sont souvent.
4. Partir c'est souvent abandonner.

★★ 5 Surlignez les verbes attributifs.

Ce petit jeune homme paraissait faible. Ses grands yeux noirs, dans les moments tranquilles, semblaient ceux d'un homme qui réfléchit ; mais à cet instant, ils se montraient pleins de haine. Dans les moments de colère, sa physionomie devenait méchante.

Inspiré de Stendhal, *Le Rouge et le Noir*, 1830.

★★ 6 Indiquez la fonction de l'adjectif souligné en cochant la case qui convient et complétez le cas échéant.

1. Secourez les personnes malheureuses. ☐ épithète ☐ attribut du ....
2. Il a trouvé cet homme malheureux. ☐ épithète ☐ attribut du ....
3. Ne lisez pas ces livres médiocres. ☐ épithète ☐ attribut du ....
4. Il estime ce livre médiocre. ☐ épithète ☐ attribut du ....

★★ 7 Choisissez la fonction correcte de l'adjectif souligné.

1. Il lui a rendu un service très remarquable. ☐ attribut du COD ☐ attribut du sujet ☐ épithète
2. Le jury a estimé sa prestation très remarquable. ☐ attribut du COD ☐ attribut du sujet ☐ épithète
3. Devant les inégalités, je reste irritée. ☐ attribut du COD ☐ attribut du sujet ☐ épithète

VERS L'ANALYSE

GUSMAN. – Quoi ? ce départ si peu prévu serait une infidélité de Don Juan ? Il pourrait faire cette injure aux chastes feux de Done Elvire ?

SGANARELLE. – Non, c'est qu'il est jeune encore, et qu'il n'a pas le courage.

GUSMAN. – Un homme de sa qualité ferait une action si lâche ?

SGANARELLE. – Eh oui, sa qualité ! La raison en est belle, et c'est par là qu'il s'empêcherait des choses.

GUSMAN. – Mais les saints nœuds du mariage le tiennent engagé.

SGANARELLE. – Eh ! mon pauvre Gusman, mon ami, tu ne sais pas encore, crois-moi, quel homme est Don Juan.

Molière, *Dom Juan*, I, 1, 1665.

1. Soulignez les attributs du sujet dans ce texte. Surlignez les sujets auxquels ils se rapportent.

2. En quoi ces attributs du sujet sont-ils essentiels à ce début de portrait moral du personnage principal ?

MINI-LIENS exercices interactifs : **minilienrobert.com/1F2003**

4 Les expansions du nom

OUTILS DE LANGUE Révision

• Pour préciser le sens d'un nom ou d'un groupe nominal minimal, on peut lui ajouter des **expansions du nom**.
Le groupe nominal est alors nommé **GN étendu** et son nom principal est appelé le **nom noyau**.

• Une expansion du nom peut être :

– un **adjectif** (adj) à l'intérieur du GN.
*Ex. : L'astre **solitaire**.*

– un **complément du nom** (CDN) : une préposition suivie d'un nom, d'un infinitif, d'un adverbe ou d'un pronom.
*Ex. : Un groupe **de nuages**.*

– une **proposition subordonnée relative** (PSR), qui commence par un pronom relatif (*qui, que quoi, dont, où, laquelle*, etc.).
*Ex. : Des nuages **qui ressemblaient à des montagnes**.*

Boîte à outils

Le pronom relatif qui introduit la proposition subordonnée relative joue le rôle de représentant du nom-noyau à l'intérieur de la subordonnée.
Le nom-noyau est appelé **antécédent du pronom relatif**.

ENTRAÎNEMENT

★ **1 Quelle est la classe grammaticale des expansions du nom soulignées (adjectif – adj, complément du nom –CDN ou proposition subordonnée relative – PSR) ? Cochez la case correspondante.**

Souvent, ils imaginent avec une justesse étonnante (☐ adj ☐ CDN ☐ PSR) les problèmes du futur (☐ adj ☐ CDN ☐ PSR), parmi lesquels les questions environnementales tiennent une place importante (☐ adj ☐ CDN ☐ PSR).

★ **2 Surlignez le nom noyau du GN étendu souligné.**

1. Il se dégageait de son apparence une sourde impression de menace.
2. On pouvait voir au sommet de la colline une pauvre cabane.
3. Parmi les nombreux élèves groupés dans la cour, il ne tarda pas à apercevoir son frère.

★ **3 Classez les expansions du nom soulignées dans la bonne catégorie (adjectif, groupe prépositionnel, proposition subordonnée relative).**

1. Mlle Motleri vit sur le palier une silhouette massive (☐ adj ☐ GPrép ☐ PSR) qu'elle ne reconnut pas (☐ adj ☐ GPrép ☐ PSR).
2. Cette forme semblait recouverte d'une carapace de caoutchouc (☐ adj ☐ GPrép ☐ PSR) avec des écailles (☐ adj ☐ GPrép ☐ PSR).

★★ **4 Reliez les compléments du nom soulignés à la précision qu'ils apportent.**

Un sommet de quatre mille mètres	matière
Des peupliers d'Italie	dimension
Le château de Barbe-Bleue	possession
Un jour de décembre	temps
Un vase en céramique	origine

★★ 5 Surlignez la ou les expansions du nom souligné. Quelle est leur classe grammaticale ?

Des <u>plateaux</u> de roche et d'herbe, qui se paraient de couleurs jaunâtres, se succédaient à perte de vue.

……………………………………………………………………………………

★★ 6 Entourez le pronom relatif qui convient dans la phrase transformée.

La silhouette d'un inconnu apparaît dans la pénombre. L'inconnu s'avance.

→ L'inconnu, dont / où / sur qui / à qui la silhouette apparaît dans la pénombre, s'avance.

→ La ville dont / où / sur qui / à qui tu te souviens se trouve en Afrique.

★★ 7 Transformez les deux phrases simples en une seule phrase complexe contenant une proposition subordonnée relative.

1. Les lichens tachetaient les rochers. Les grands arbres jouxtaient les rochers.
   → Les grands arbres jouxtaient les rochers ……………………………………
2. Nous avons visité une grotte. Des hommes y auraient vécu à l'époque préhistorique.
   → Nous avons visité une grotte ……………………………………
3. Un cerf apparut au bord du chemin. Sur le chemin on trouvait des empreintes de biche.
   → On trouvait des empreintes de biche sur le chemin ……………………………………
4. La galerie était très large. Je m'y avançai sans crainte.
   → La galerie, ……………………………………, était très large.

★★ 8 Placez chaque adjectif à côté du nom dont il est épithète. Veillez aux accords.

enroué • vieille • enjouée • enrouée • obscur • obscures • vieil • enjoué

Mlle Motleri, avec sa vivacité ……………… s'élança dès qu'elle entendit le timbre ……………… de la ……………… sonnette. Elle attendait son ……………… ami le notaire. Mais sur le palier ………………, elle fut surprise de le trouver si changé. D'une voix ………………, il balbutia quelques phrases ……………… . Cependant, sur un ton ………………, elle l'invita à entrer.

ERS L'ANALYSE

Nous sommes loin, Jeanne, tu roules depuis sept jours
Tu es loin de Montmartre, de la Butte
qui t'a nourrie, du Sacré Cœur contre
lequel tu t'es blottie
Paris a disparu et son énorme flambée
Il n'y a plus que les cendres continues
La pluie qui tombe
La tourbe qui se gonfle
La Sibérie qui tourne
Les lourdes nappes de neige qui remontent
Et le grelot de la folie qui grelotte comme un dernier désir dans l'air bleui
Le train palpite au cœur des horizons plombés
Et ton chagrin ricane

Blaise Cendrars, *La Prose du Transsibérien et de la petite Jehanne de France*, 1913.

1. Soulignez les expansions du nom utilisées dans cette strophe.

2. L'attention se porte-t-elle davantage sur le noyau de ces groupes nominaux ou sur les expansions du nom ? Pourquoi ?

MINI-LIENS
exercices interactifs :
minilienrobert.com/1F2004

5 Les compléments circonstanciels

OUTILS DE LANGUE Révision

• **Les compléments circonstanciels (CC)** ajoutent une précision au sens de la phrase. On peut les **déplacer** ou les **supprimer**.

• Les CC peuvent être :

– des **GN** : *Ex. : tout le jour*

– des **groupes prépositionnels**, c'est-à-dire qui commencent par une préposition, suivi d'un GN, d'un infinitif ou d'un pronom. : *Ex. : grâce au regard bienveillant* : *pour manger* : *avec toi*

– des **gérondifs** : *Ex. : en le regardant avec désapprobation*

– des **propositions subordonnées conjonctives** : *Ex. : sans que l'on ait besoin de paroles*

– des **propositions participiales** : *Ex. : les clients le **regardant** avec désapprobation*

• Les CC peuvent donner des informations : → n° 13 à 16 p. 30 à 37

– de **manière** : *Ex. : par cœur* : *doucement*

– de **comparaison** : *Ex. : comme des égaux*

– de **conséquence**, qui indique **le résultat** d'une action
: *Ex. : Mais il manque de temps, si bien qu'il doit renoncer.*

– de **cause**, qui indique **pour quelle raison** l'action s'accomplit
: *Ex. : Ganimard doit se presser à cause d'un rendez-vous.*

– de **lieu**, de **moyen**, d'**accompagnement**, de **but**, de **temps**, de **condition**, de **concession**.

ENTRAÎNEMENT

★ **1 Surlignez le ou les compléments circonstanciels dans les phrases suivantes.**

1. Nous nous engageâmes en tremblant.
2. À minuit, ils se levèrent avec discrétion pour gagner la sortie.

★ **2 Donnez la classe grammaticale du complément circonstanciel souligné.**

1. Sous la voûte de l'étroit passage, on voyait un chemin creux. ....
2. Il faut vivre pour manger. ....
3. Grâce à toi, je vais nettement mieux. ....

★★ **3 Donnez la classe grammaticale du complément circonstanciel souligné.** → n° 12 p. 28, n° 26 p. 56, n° 27 p.58

Après que nous eûmes marché une bonne heure, nous croisâmes une route forestière large et belle, que nous décidâmes de suivre.

☐ proposition subordonnée conjonctive
☐ proposition participiale

★★ **4 a. À quelle catégorie appartient le complément circonstanciel souligné ? Cochez la bonne réponse.**

1. Du fait du silence total qui régnait, nous éprouvions une angoisse diffuse.

☐ cause
☐ comparaison
☐ conséquence

2. La lumière était étrange comme celle d'un aquarium.

☐ manière
☐ comparaison
☐ conséquence

b. Indiquez entre parenthèses à quelle catégorie appartient chaque CC souligné.

temps • manière • concession

Une rumeur, après quelques minutes (..............................), se fit entendre, et malgré nous (..............................) nous dûmes accepter l'évidence : ce son incroyablement (..............................) déplacé dans cette forêt, ce son d'instant en instant plus puissant, c'était bien le bruit d'une vague.

★★ **5 Reportez les numéros des CC soulignés dans la bonne catégorie.**

L'inspecteur Ganimard doit se presser à cause d'un rendez-vous au tribunal (1). Mais un individu, à force de s'arrêter et de se baisser (2), attire son attention. Comme il est intrigué (3), l'inspecteur désire le suivre un moment. Mais il manque de temps, si bien qu'il doit renoncer (4).

Cause : .... **Conséquence :** ....

★★★ **6 Dans ce texte, surlignez les six compléments circonstanciels. Indiquez leur classe grammaticale.**

Cette nuit, la ville est déserte. Personne ne se risque à sortir de chez soi à cause de la tempête qui menace. Un vent violent balaie les rues et fait tourbillonner à toute allure les feuilles mortes. Pour se protéger, on a soigneusement clos les volets. Seuls quelques rais de lumière, filtrant à travers leurs interstices, signalent une présence. L'horloge égrène, de son timbre lugubre, les douze coups de minuit.

1. ....
2. ....
3. ....
4. ....
5. ....
6. ....

★★★ **7 Indiquez si les groupes soulignés sont des CC ou s'il s'agit de COD ou de COI. Pour chacun des CC, précisez de quel type de complément il s'agit et donnez sa classe grammaticale.**

1. La route forestière nous (A) amena jusqu'à une clairière (B).

A. .... **B.** ....

2. En rentrant chez moi (C), je l'ai vu au loin (D).

C. .... **D.** ....

3. Il y a trop de monde dans les rues (E) pour que les voitures puissent rouler (F).

E. .... **F.** ....

VERS L'ANALYSE

Comme dans l'éponge il y a dans l'orange une aspiration à reprendre contenance après avoir subi l'épreuve de l'expression. Mais où l'éponge réussit toujours, l'orange jamais : car ses cellules ont éclaté, ses tissus se sont déchirés. Tandis que l'écorce seule se rétablit mollement dans sa forme grâce à son élasticité, un liquide d'ambre s'est répandu, accompagné de rafraîchissement, de parfums suaves, certes, – mais souvent aussi de la conscience amère d'une expulsion prématurée de pépins.

Francis Ponge, « L'orange »,
Le Parti pris des choses, 1942.

1. Soulignez les compléments circonstanciels et donnez leur catégorie.

2. En quoi sont-ils importants pour le sens de ce passage ainsi que pour son rythme ?

MINI-LIENS exercices interactifs : **minilienrobert.com/1F2005**

6 Les modes du verbe

OUTILS DE LANGUE Révision

Les modes personnels

- Lorsque le verbe est employé à un **mode personnel**, **sa terminaison varie** selon la personne de son sujet.
- Il existe quatre modes personnels :

– l'**indicatif** ⁝ *Ex. : viens*
– le **subjonctif** ⁝ *Ex. : viennes*
– l'**impératif** ⁝ *Ex. : viens !*
– le **conditionnel** ⁝ *Ex. : viendrait*

Les modes impersonnels

- Lorsque le verbe est employé à un **mode impersonnel**, il ne porte **pas de marque de personne**.
- Il existe trois modes impersonnels :

– l'**infinitif**, qui a un présent ⁝ *Ex. : soustraire* et un passé ⁝ *Ex. : avoir soustrait*
– le **participe** :
  - participe présent ⁝ *Ex. : soustrayant*, invariable
  - participe passé actif ⁝ *Ex. : ayant soustrait*
  - participe passé passif ⁝ *Ex. : soustrait*, généralement appelé « participe passé »

Les participes passés actif et passif s'accordent dans certains cas en genre et en nombre.
→ n° 17 p. 38
– le **gérondif**, qui est le participe présent précédé de la préposition *en*. ⁝ *Ex. : en soustrayant*

ENTRAÎNEMENT

★ 1 Donnez le mode de ces formes verbales (subjonctif / indicatif / infinitif / gérondif).

- il vient : ....
- venir : ....
- en parlant : ....
- elle mette : ....

★ 2 Classez les modes suivants dans la bonne case.

participe • conditionnel • indicatif • subjonctif • infinitif • impératif • gérondif

Modes impersonnels	Modes personnels
....	....
....	....

★ 3 Reliez chaque forme verbale à son mode.

je mettrais	indicatif
je parlerai	impératif
venu	participe
viens	conditionnel

★★ 4 Surlignez les verbes d'une couleur s'ils sont à un mode personnel et d'une autre couleur s'ils sont à un mode impersonnel.

Ce roman raconte l'histoire d'un diplomate parti négocier un traité de paix dans un pays étranger. Afin de rencontrer ses adversaires, il entreprend un voyage dangereux.

★★ 5 Donnez le participe présent (actif) et le participe passé (passif) des verbes suivants.

	Participe présent	Participe passé
• prendre	....	....
• peindre	....	....
• offrir	....	....
• savoir	....	....
• rompre	....	....
• acquérir	....	....
• conclure	....	....

★ 6 Les verbes suivants sont à un mode impersonnel. Cochez la bonne réponse.

1. Dès que la cloche aura sonné, nous sortirons. ☐ vrai ☐ faux
2. Plutôt mourir que s'avouer battu. ☐ vrai ☐ faux

★★ 7 Indiquez la bonne réponse.

1. « En réfléchissant » est ☐ un gérondif ☐ un participe présent.
2. « Partant » est ☐ un gérondif ☐ un participe présent.

★★ 8 Complétez ces phrases en mettant le verbe entre parenthèse à l'impératif à la 2e personne du singulier.

1. (*S'interroger*) .... sur les préjugés.
2. (*Casser*) .... deux œufs et (*les battre*) .... en neige.
3. (*Être*) .... lucide et (*avoir*) .... l'esprit critique.

★★ 9 Reliez les propositions de façon à décrire les quatre modes personnels du verbe.

- L'indicatif •
- Le conditionnel •
- Le subjonctif •
- L'impératif •

- • sert à présenter des faits possibles ou associés à un sentiment.
- • sert à décrire des faits soumis à une condition. Il exprime aussi le futur depuis le passé.
- • sert à décrire des faits envisagés comme réels, en les situant dans le temps.
- • sert à donner un ordre, un conseil, à formuler une interdiction, une prière.

ERS L'ANALYSE

Des bêtises ! répéta Souvarine. Votre Karl Marx en est encore à vouloir laisser agir les forces naturelles. Pas de politique, pas de conspiration, n'est-ce pas ? tout au grand jour, et uniquement pour la hausse des salaires… Fichez-moi donc la paix, avec votre évolution ! Allumez le feu aux quatre coins des villes, fauchez les peuples, rasez tout, et quand il ne restera plus rien de ce monde pourri, peut-être en repoussera-t-il un meilleur.

Émile Zola, *Germinal*, 1885.

1. Relevez les trois modes personnels utilisés dans ce texte en surlignant les verbes de trois couleurs différentes.

2. Ce personnage a-t-il une vision précise de l'avenir ? En quoi l'utilisation de certains modes et temps le montre-t-elle ?

MINI-LIENS exercices interactifs : minilienrobert.com/1F2006

7 Les temps de l'indicatif

simple → composé (aux + verbe)
présent → passé composé
futur → futur antérieur
imparfait → plus que parfait
passé simple → passé antérieur

OUTILS DE LANGUE Révision

Les temps simples de l'indicatif

- Il y a quatre **temps simples** à l'indicatif → le **présent**, le **futur**, l'**imparfait**, le **passé simple**

- **L'imparfait** montre des actions considérées comme **durables**, **d'arrière-plan** ou **répétées**.

Les temps composés de l'indicatif → n° 23 p. 50

- Il y a quatre **temps composés** à l'indicatif : le **passé composé**, le **futur antérieur**, le **plus-que-parfait** et le **passé antérieur**.

passé composé = auxiliaire *avoir* ou ***être* au présent + participe passé du verbe**

futur antérieur = auxiliaire *avoir* ou ***être* au futur + participe passé du verbe**

plus-que-parfait = auxiliaire *avoir* ou ***être* à l'imparfait + participe passé du verbe**

passé antérieur = auxiliaire *avoir* ou ***être* au passé simple + participe passé du verbe**

PASSÉ SIMPLE
① rad + AI, AS, A, ÂMES, ÂTES, ÈRENT
② IS (ou US), IS, IT, ÎMES, ÎTES, IRENT
③

ENTRAÎNEMENT

★ 1 Encadrez les verbes à l'imparfait et soulignez ceux au passé composé.

> Nous étions de patrouille... Vers minuit, on est sorti de la tranchée, et on a rampé sur la descente, en ligne, à trois ou quatre pas les uns des autres et on est descendu ainsi très bas dans le ravin, jusqu'à voir, gisant devant nos yeux, le talus international. Des balles sifflaient autour de nous, mais elles nous ignoraient, ne nous cherchaient pas... (Henri Barbusse, *Le Feu*, 1916)

★★ 2 Complétez les conjugaisons des verbes *savoir* et *entendre* au temps de l'indicatif demandé, à la 2ᵉ personne du pluriel.

Présent : vous savez, entendez
Futur : vous saurez, entendrez
Imparfait : vous saviez, entendiez
Passé simple : vous sûtes, entendîtes

★ 3 Complétez ces phrases en conjuguant les verbes entre parenthèses au futur.

1. Vous (*venir*) viendrez avec moi, vous (*voir*) verrez les horreurs que les conflits engendrent.
2. Vous (*découvrir*) découvrirez la réalité de la guerre.
3. Vous ne (*courir*) courrez pas de véritable danger, mais je (*pouvoir*) pourrai vous faire imaginer ce qu'éprouve un soldat.

★★ 4 Complétez ce texte en conjuguant les verbes entre parenthèses au passé simple.

La première fois que je (*lire*) lus un livre de cette saga, je (*passer*) passis un bon moment. Le premier tome me (*séduire*) séduisit. Puis, quand je (*plonger*) plongis dans le deuxième tome, je (*se sentir*) me sentis fascinée par son univers. Bientôt, mes amis et moi, nous (*se passionner*) nous passionnâtes pour les personnages.

★★ **5** **À quel temps et à quel mode conjuguer le verbe ? Choisissez la forme qui convient. Il peut y avoir plusieurs possibilités. Justifiez votre choix.**

Normalement, nous (*venir*) .... vous voir chaque mardi. Mais ce jour-là, nous (*avoir*) .... un rendez-vous que nous ne (*pouvoir*) .... pas déplacer. Malgré nos explications, il se (*déclarer*) .... fâché de ne pas nous avoir vus.

★★ **6** **Complétez les terminaisons verbales dans le texte suivant.**

Comme tous les jours depuis le début des combats, j'étai...... dans la tranchée, je me préparai...... à l'assaut, quand, soudain, je sursautai...... : un obus avait atterri dans le boyau voisin ! Je fonçai...... retrouver mes camarades. Mais je ne trouvai...... qu'un cratère énorme, couvert de fumée. J'avai...... beau regarder, je n'arrivai...... pas à voir quoi que ce soit.

★★ **7** **Complétez les définitions à l'aide de la liste des temps de l'indicatif vus dans la leçon.**

• Quand on rédige un récit au **présent**, on utilise les temps suivants :
– Actions antérieures à l'action principale : .... , ...
– Actions principales : ....
– Actions postérieures à l'action principale : .... , ...
• Quand on rédige un récit au **passé**, on utilise les temps suivants :
– Actions antérieures (avant l'action principale) : .... , ...
– Actions principales : .... , ...
– Actions postérieures : .... , ...

ERS L'ANALYSE

Sous la loge de verts rameaux, jonchée d'herbes fraîches, Iseut s'étendit la première. Tristan se coucha près d'elle et déposa son épée nue entre leurs corps. Pour leur bonheur, ils avaient gardé leurs vêtements. La reine avait au doigt l'anneau d'or aux belles émeraudes que Marc lui avait donné au jour des épousailles ; ses doigts étaient devenus si grêles que la bague y tenait à peine. Ils dormaient ainsi, l'un des bras de Tristan passé sous le cou de son amie, l'autre jeté sur son beau corps, étroitement embrassés ; mais leurs lèvres ne se touchaient point. Pas un souffle de brise, pas une feuille qui tremble. À travers le toit de feuillage, un rayon de soleil descendait sur le visage d'Iseut qui brillait comme un glaçon. Or, un forestier trouva dans le bois une place où les herbes étaient foulées.

Béroul, *Le Roman de Tristan et Iseut*, XIIe siècle,
trad. Joseph Bédier, 1900.

1. **Soulignez en bleu les verbes à l'imparfait et en rouge les verbes au passé simple.**

2. **Comment l'usage de l'imparfait et du passé simple de l'indicatif permet-il au lecteur de distinguer les actions subites des actions d'arrière-plan, qui durent plus longtemps ?**

MINI-LIENS
exercices interactifs :
minilienrobert.com/1F2007

8 Le conditionnel

OUTILS DE LANGUE Révision

- Le conditionnel est **un mode**.
- Il comporte **plusieurs temps** :

– le **conditionnel présent** ⋮ *Ex. : Je viendrais.*

– le **conditionnel passé** ⋮ *Ex. : Je serais venue.*

- Le conditionnel a une **valeur modale**. Il exprime :

– la **condition** ⋮ *Ex. : Je viendrais si tu me le demandes.*

– le **souhait** ⋮ *Ex. : J'irais bien en Italie.*

– la **politesse** ⋮ *Ex. : J'aimerais un café, s'il vous plaît.*

– la **suggestion** ⋮ *Ex. : Je verrais bien un nouveau meuble ici.*

- Le **conditionnel présent** peut exprimer :

– **le potentiel** ⇢ la condition peut être réalisée ;

– **l'irréel du présent** ⇢ la condition ne peut pas être réalisée.

- Le **conditionnel passé** exprime **l'irréel du passé** : la condition n'a pas été réalisée.
- Il a aussi une **valeur temporelle** : il exprime **le futur dans le passé**.

Le conditionnel présent correspond alors au futur et le conditionnel passé au futur antérieur.

Boîte à outils

Pour ne pas confondre le **conditionnel** et le **futur** à la 1re personne du singulier, on peut **remplacer le sujet par *tu*** et voir si le verbe finit ou non par ***-ras***.

ENTRAÎNEMENT

★ **1 Complétez la règle suivante en choisissant la bonne réponse.**

- Pour former le conditionnel présent, on ajoute au radical .... les terminaisons ....

⋮ *Ex. : je ser**ais**, tu ser**ais**, il ser**ait**, nous ser**ions**, vous ser**iez**, ils ser**aient**.*

★ **2 Futur ou conditionnel ? Ajoutez un *-s* si nécessaire.**

1. Dans vingt ans, je posséderai....... peut-être un robot domestique.
2. Si j'avais les capacités d'un cyborg, j'aurai....... des pouvoirs surhumains.
3. Si j'avais su, je ne serai....... pas allé(e) sur Mars.
4. Je partirai....... pour Jupiter demain dès l'aube.

★★ **3 Associez chaque phrase à la valeur de son verbe au conditionnel.**

1. La fusion du cerveau humain et de la machine serait un progrès. •
2. On débarquerait sur Mars et on s'y installerait pour toujours. •
3. Pourrais-tu me passer l'article sur les pouvoirs de la science ? •
4. Des hackers auraient piraté les logiciels de la NASA. •
5. J'aimerais tellement aller sur Mars ! •

- • souhait, rêve
- • fait douteux ou non confirmé
- • demande polie

★★ 4 Mettez les verbes entre parenthèses au temps et au mode qui convient.

1. Il expliqua que quand il (*épuiser*) .... les possibilités de soins de son époque, un médecin lui (*faire*) .... une injection pour le cryogéniser.
2. Les transhumanistes avaient annoncé que l'immortalité (*devenir*) .... bientôt accessible.

★★ 5 À quel temps et à quel mode conjuguer le verbe ? Mettez le verbe à la forme qui convient.

1. S'ils (*anticiper*) .... , ils auraient pu s'organiser autrement.
2. S'ils (*venir*) .... , nous pourrions organiser un dîner.
3. Si j'avais su, je ne (*être*) .... pas venue.
4. Si jamais tu (*avoir*) .... des inquiétudes, tu me le (*dire*) ....

★★ 6 Indiquez la valeur du verbe au conditionnel en gras.

a. potentiel **b.** irréel du présent **c.** irréel du passé

1. Si l'on avait su autrefois que les microbes existaient, on **aurait pu** améliorer l'hygiène. ....
2. Si nous limitions notre temps de connexion, nous **pourrions** faire du sport. ....
3. Si nous pouvions limiter notre temps de connexion, nous **pourrions** faire du sport. ....

★★★ 7 a. Soulignez les conditionnels dans le texte.
b. Indiquez leur valeur.

....

....

Madame de Volanges marie sa fille : c'est encore un secret ; mais elle m'en a fait part hier. Et qui croyez-vous qu'elle ait choisi pour gendre ? Le comte de Gercourt. Qui m'aurait dit que je deviendrais la cousine de Gercourt ? [...]Je gagerais que, malgré les soixante mille livres de rente de la petite Volanges, il n'aurait jamais fait ce mariage, si elle eût été brune, ou si elle n'eût pas été au couvent. Prouvons-lui donc qu'il n'est qu'un sot : il le sera sans doute un jour ; ce n'est pas là ce qui m'embarrasse : mais le plaisant serait qu'il débutât par là. Comme nous nous amuserions le lendemain en l'entendant se vanter !

Pierre Choderlos de Laclos, *Les Liaisons dangereuses*, 1782.

ERS L'ANALYSE

[...] les Anciens avaient pour habitude,
dans les livres qu'ils écrivaient jadis,
de s'exprimer avec une grande obscurité
pour que ceux qui viendraient après eux
et qui devraient étudier leur pensée
puissent commenter leurs textes
et y ajouter leur propre lecture.

Lais bretons (XII-XIIIe siècle) : *Marie de France et ses contemporains*, « Prologue », éd. et trad. Nathalie Koble et Mireille Séguy, 2018.

Le conditionnel employé dans ce texte exprime-t-il un futur vu du passé ou une hypothèse ? Justifiez votre réponse dans un paragraphe argumenté.

MINI-LIENS exercices interactifs : minilienrobert.com/1F2008

9 Le subjonctif

OUTILS DE LANGUE Révision

La conjugaison du subjonctif

• Le subjonctif a **quatre temps** : le présent, le passé, l'imparfait et le plus-que-parfait. Aujourd'hui, seuls le présent et le passé sont couramment employés.

• Le subjonctif s'utilise toujours **après une conjonction de subordination**.
Ex. : que, pourvu que, pour peu que, bien que, à condition que, quoique, avant que...

• Il apparaît le plus souvent dans une **proposition subordonnée** (→ n° 27 p. 58) **sauf quand il exprime un ordre ou un souhait**. *Ex. : Qu'il vienne !*

Lorsqu'un avis est exprimé de manière négative, *Ex. : Je ne pense pas que... Je doute que...* → le verbe de la subordonnée est au subjonctif. *Ex. : Je pense qu'il viendra → Je ne pense pas qu'il vienne.*

• **Le subjonctif présent**

Pour former **le subjonctif présent**, on ajoute au radical les terminaisons *-e, -es, -e, -ions, -iez, -ent.*
Ex. : Que je vive, que tu vives, qu'il vive, que nous vivions, que vous viviez, qu'ils vivent.

• **Le subjonctif passé**

Pour former **le subjonctif passé**, on conjugue l'auxiliaire *être* ou *avoir* au subjonctif présent et on lui ajoute le participe passé du verbe. *Ex. : que j'aie vécu.*

Les emplois du subjonctif

• **Le subjonctif présent** exprime **l'ordre, le souhait, la défense, l'interdiction**... Il porte sur une **action virtuelle** et indique l'avis subjectif de celui qui parle. *Ex. : J'aimerais qu'il vienne demain.*

• **Le subjonctif passé** permet d'exprimer une **action incertaine** qui est censée être achevée au moment où l'action donnée dans la proposition principale se déroule.
Ex. : Les écologistes veulent agir avant que trop d'espèces n'aient disparu.

• **Le subjonctif imparfait** marque une **action virtuelle dans le passé**. Il apparaît dans une proposition subordonnée dont la principale est à l'imparfait de l'indicatif.
Ex. : Je doutais qu'il pût venir.

• **Le subjonctif plus-que-parfait**

Le subjonctif plus-que-parfait exprime une **action qui n'a pas pu se réaliser dans le passé**. Son emploi est rare. *Ex. : Je ne pensais pas qu'il fût venu.*

ENTRAÎNEMENT

★ **1 Conjuguez ces verbes au subjonctif présent, à la personne indiquée.**

1. discourir : *que je* ....
2. se révolter : *qu'ils* ....
3. dire : *que vous* ....
4. croire : *que nous* ....
5. revoir : *qu'elle* ....
6. recevoir : *que je* ....

★ **2 Conjuguez les verbes entre parenthèses au subjonctif présent ou passé, à la personne qui convient. Plusieurs solutions sont parfois possibles.**

1. Il faudrait que l'on (*interdire*) .... le travail des enfants dans tous les pays.
2. Des enfants travaillaient dans les usines bien que la loi l' .... (*interdire*).

★ 3 Dites à quel temps sont les formes verbales soulignées.

> Je n'ai guère vu de ville qui ne désirât (………………………) la ruine de la ville voisine, point de famille qui ne voulût (………………………) exterminer quelque autre famille. [...] – Croyez-vous, dit Martin, que les éperviers aient toujours mangé (………………………) des pigeons quand ils en ont trouvé ? – Oui, sans doute, dit Candide. – Eh ! bien, dit Martin, si les éperviers ont toujours eu le même caractère, pourquoi voulez-vous que les hommes aient changé (………………………) le leur ?
>
> Voltaire, *Candide*, 1759.

★★ 4 Conjuguez les formes entre parenthèses à l'indicatif ou au subjonctif.

1. Les savants affirment que le climat (*aller*) ……………………… se dérégler de plus en plus vite.
2. Peu de gens doutent que cette affirmation ne (*être*) ……………………… fondée.
3. Il faut que les gouvernements (*prendre*) ……………………… des mesures urgentes.
4. Les ONG constatent que certaines espèces (*être*) ……………………… menacées.

★★ 5 Associez chaque phrase au mot désignant la nuance de sens exprimée.

1. Que l'accusé entre ! •	• défense
2. Que l'injustice disparaisse ! •	• ordre
3. Que personne ne sorte ! •	• souhait

★★ 6 Entourez les conjonctions qui sont suivies du subjonctif.

- après que
- avant que
- pour que
- parce que
- à condition que
- pourvu que
- bien que
- quoique

★★ 7 Réécrivez ces phrases en mettant les propositions principales à la forme négative.

1. Je suis sûre qu'il viendra ce soir. → Je ne suis pas sûre qu'il ……………………… ce soir.
2. Le témoin affirme que le suspect est venu le voir.
→ Le témoin n'affirme pas que le suspect ……………………… le voir.
3. Nous croyons que cet homme dit la vérité.
→ Nous ne croyons pas que cet homme ……………………… la vérité.
4. Le jury pense que ce candidat a le niveau requis.
→ Le jury ne pense pas que ce candidat ……………………… le niveau requis.

ERS L'ANALYSE

> *Une jeune femme délaissée par son amoureux laisse éclater sa douleur au moment de lui écrire une lettre.*
>
> Qu'est-ce que je deviendrai ? Et qu'est-ce que vous voulez que je fasse ? Je me trouve bien éloignée de tout ce que j'avais prévu : j'espérais que vous m'écririez de tous les endroits où vous passeriez, et que vos lettres seraient fort longues ; que vous soutiendriez ma passion par l'espérance de vous revoir [...]. Hélas que je suis à plaindre de ne partager pas mes douleurs avec vous et d'être toute seule malheureuse ! Cette pensée me tue, et je meurs de frayeur que vous n'ayez jamais été extrêmement sensible à tous nos plaisirs.
>
> Gabriel de Guilleragues, *Lettres portugaises*, 1669.

1. Soulignez les verbes au subjonctif dans ce passage.

2. En quoi cet usage met-il l'accent sur une action virtuelle, irréelle ?

3. Pourquoi cette irréalité est-elle importante pour l'auteur de la lettre ?

MINI-LIENS
exercices interactifs :
minilienrobert.com/1F2009

10 Actif, passif et tournure impersonnelle

OUTILS DE LANGUE Révision

La voix active

À la voix active, le sujet **effectue l'action** exprimée par le verbe.

Ex. : Un monticule cachait le récepteur.
sujet — COD

La voix passive

À la voix passive, le sujet **subit l'action** exprimée par le verbe.
L'auteur (personne ou objet) de l'action est défini par un groupe de mots introduit par la **préposition** *par* ou *de*. Ce groupe de mots est appelé **complément d'agent** du verbe passif et n'est pas toujours exprimé ; il **peut être supprimé** sans perturber l'action.

Ex. : Le récepteur était caché par un monticule.
sujet — verbe — complément d'agent

Changement de voix du verbe

Si un verbe passe de la voix active à la voix passive, le **complément d'objet direct** devient sujet, le sujet devient **complément d'agent** et le verbe prend une forme composée avec l'**auxiliaire *être***, qu'il faut accorder avec le **participe passé**.

Ex. : voix active ⇢ Toute la famille range les cartons.
sujet — verbe — COD

voix passive ⇢ Les cartons sont rangés par toute la famille.
sujet — verbe — complément d'agent

Verbes et constructions impersonnelles

- **Certains verbes sont impersonnels.** Cela signifie qu'on ne peut pas identifier la personne qui accomplit l'action du verbe. *Ex. : Il pleut ⇢ qui pleut ?* On ne peut pas répondre à cette question.
- Ces verbes peuvent être impersonnels **par nature ou par construction** :

– Les verbes impersonnels par nature **ne peuvent être conjugués qu'à la troisième personne du singulier**. *Ex. :* On ne peut pas dire « *je pleus* ».

– Les verbes impersonnels par construction **peuvent être conjugués à la troisième personne du singulier de manière impersonnelle ou aux autres personnes**.

Ex. : Il arrive que... (construction impersonnelle)
J'arrive ! (construction personnelle)

ENTRAÎNEMENT

★ 1 Dites si les verbes sont à la voix active ou à la voix passive.

	Actif	Passif
1. Nous sommes charmés de votre accueil.	☐	☐
2. Ils viendront probablement.	☐	☐
3. Nous avons été reçus par les habitants avec une hospitalité extraordinaire.	☐	☐

★ 2 Complétez les terminaisons des participes dans les phrases passives suivantes.

1. Marie et Sophie ont été ravi......... de ton accueil.
2. Des journaux quotidiens sont lu......... par des millions de lecteurs.
3. Cette robe fut brodé......... par mon arrière-grand-mère.

★★ 3 Dans chaque paire de phrases, soulignez celle qui comporte un verbe impersonnel.

1. Il arrive que l'on se trompe. • Il arrive le premier.
2. Il a des amis. • Il y a longtemps.
3. Il est impossible de traverser cette rivière. • Il est satisfait.

★★ 4 Soulignez les compléments d'agent lorsqu'il y en a.

1. Ce livre a été salué par la critique.
2. Nous avons trouvé le chemin par hasard.
3. Isabelle est aimée de tous.
4. La rivière est grossie par la fonte des neiges.

★★ 5 Mettez à la voix passive les formes actives simples des verbes.

1. Je (*fém.*) dirige ....
2. Tu (*masc.*) verras ....
3. Elle oubliait ....
4. Nous (*masc.*) tînmes ....
5. Vous (*fém.*) obéirez ....
6. Ils suivirent ....

★★ 6 Mettez à la voix passive les formes composées actives des verbes.

1. J'ai (*fém.*) consulté ....
2. Tu (*masc.*) avais aidé ....
3. Elle avait applaudi ....
4. Il eut remarqué ....
5. Elles ont aperçu ....
6. Ils avaient admis ....

★★ 7 Mettez les phrases suivantes à la voix passive.

1. Le remorqueur tira le paquebot. → ....
2. L'automne a chassé l'été. → ....
3. Le maquillage transformait son visage. → ....
4. Tous apprécient cette commerçante. → ....
5. Le panneau indicateur a été déplacé. → ....

★★★ 8 Reliez chaque verbe à la réponse qui convient.

falloir • venir • manger • localiser

On peut me mettre à la voix passive.

On ne peut pas me mettre à la voix passive.

★★★ 9 Ces phrases peuvent être mises à la voix passive. Cochez la bonne réponse.

1. Le voyageur du temps arriva dans un futur inconnu. ☐ vrai ☐ faux
2. Elles semblaient faites d'une matière translucide. ☐ vrai ☐ faux
3. L'une d'entre elles détecta la présence du voyageur. ☐ vrai ☐ faux
4. D'immenses créatures occupaient l'espace nu. ☐ vrai ☐ faux

VERS L'ANALYSE

FIGARO, *seul, se promenant dans l'obscurité, parle du ton le plus sombre.* – Que je voudrais bien tenir un de ces puissants de quatre jours, si légers sur le mal qu'ils ordonnent, quand une bonne disgrâce a cuvé son orgueil ! Je lui dirais... que les sottises imprimées n'ont d'importance qu'aux lieux où l'on en gêne le cours ; que, sans la liberté de blâmer, il n'est point d'éloge flatteur ; et qu'il n'y a que les petits hommes qui redoutent les petits écrits.

Beaumarchais, *Le Mariage de Figaro*, V, 3, 1778.

1. Entourez les pronoms personnels utilisés dans ce passage.

2. Soulignez les tournures impersonnelles.

3. En quoi ces tournures contribuent-elles à accorder aux paroles de Figaro une autorité et une efficacité rhétorique ?

MINI-LIENS exercices interactifs : minilienrobert.com/1F2010

11 La forme pronominale

OUTILS DE LANGUE Révision

- Les verbes pronominaux se conjuguent avec un **pronom personnel réfléchi** (*me, te, se, nous, vous, se*) de la même personne que le sujet.
- Aux **temps composés** de la forme pronominale, on emploie l'auxiliaire *être*. → n° 17 p. 38
  Ex. : je me suis traîné, tu t'es traîné, il s'est traîné, nous nous sommes traînés, vous vous êtes traînés, ils se sont traînés
- Il existe des verbes :

– **essentiellement pronominaux** : ils ne s'emploient qu'à la forme pronominale *Ex. : s'abstenir*

– **dont le sens à la forme pronominale** est différent de celui de la forme non pronominale. Leur pronom réfléchi ***se*** ne renvoie à aucun élément.
Ex. : attendre et *s'attendre* n'ont pas le même sens.

– **pronominaux par construction** *Ex. : se battre* → pronominal par construction (*battre* existe).

- Parmi les verbes pronominaux par construction, on distingue différents sens :

– verbes de **sens réfléchi** : le sujet agit sur lui-même ;
Ex. : Je me coiffe. → Je coiffe moi-même.

– verbes de **sens réciproque** : le sujet est au pluriel ; l'action est faite par un personnage sur l'autre, et réciproquement ;
Ex. : Ils se sourient. → Chacun sourit à l'autre. Ils se voient. → Chacun voit l'autre.

– verbes de **sens passif** : ce sont les équivalents de verbes passifs.
Ex. : Les jeans se portent troués. → Les jeans sont portés troués.

- Pour savoir si le pronom personnel (*me, te, se, nous, vous, se*) est **réfléchi** (désigne le sujet) ou **réciproque** (désigne l'objet), on ajoute « l'un l'autre » ou « les uns les autres » à la fin de la phrase.

Ex. : Nous nous sommes vus.
→ Nous nous sommes vus les uns les autres. → La phrase a du sens, *nous* désigne bien l'objet (pronom réciproque).

Ex. : Je me suis levée.
→ Je me suis levée l'un l'autre. → La phrase n'a pas de sens, *me* désigne donc le sujet (pronom réfléchi).

ENTRAÎNEMENT

★ 1 Les phrases sont-elles pronominales ? Cochez la bonne réponse.

	Oui	Non
1. Elle se prépare.	☐	☐
2. Il nous prépare un bon repas.	☐	☐
3. Je t'appelle.	☐	☐
4. Nous nous appelons.	☐	☐

★ 2 Mettez ces formes verbales à la forme pronominale.

1. Je regarde ....
2. Tu étonneras ....
3. Elle aperçut ....
4. Nous tenons ....
5. Vous occuperez ....
6. Ils saisissaient ....

★★ 3 Mettez ces formes verbales à la forme pronominale.

1. Je guidai. ....
2. Tu (*masc.*) as tenu. ....
3. Elle a cru. ....
4. Nous orientions. ....
5. Vous (*fém.*) aurez perdu. ....
6. Ils eurent remué. ....

★★ 4 Mettez ces formes verbales conjuguées à des temps simples au temps composé correspondant.

Ex. : Je m'appelle. (présent) → *Je me suis appelée.* (passé composé)

1. Je (fém.) me joins. ....
2. Tu (masc.) te souviendras. ....
3. Elle s'orientait. ....
4. Nous (fém.) nous occupions. ....
5. Vous (masc.) vous perdîtes. ....
6. Ils s'inquiétèrent. ....

★★ 5 Conjuguez ces verbes à la forme pronominale et au temps de l'indicatif indiqué.

1. De nombreux peintres (*représenter*, passé composé) .... en train de peindre.
2. Rembrandt, en particulier, après qu'il (*montrer*, passé antérieur) .... en jeune homme, (*peindre*, passé simple) .... à tous les âges de sa vie.
3. Les artistes voulaient donner à voir les traces du passage du temps qui (*imprimer*, plus-que-parfait) .... sur leur visage.

★★★ 6 Ces verbes sont-ils essentiellement pronominaux ou pronominaux par construction ?

s'emparer — s'abstenir — s'agiter — s'aviser

essentiellement pronominal

pronominal par construction

★★★ 7 Reliez ces verbes pronominaux à leur sens.

1. Parfois, je rêve que je me change en acteur de cinéma. •
2. Mes films se vendraient bien, j'en suis sûre ! •
3. Les plus grandes stars et moi nous nous appellerions tous les jours. •
4. Les poètes se sont parfois engagés en politique. •
5. Louis Aragon s'est fait arrêter une dizaine de jours alors qu'il allait travailler pour une revue de résistants. •

• réfléchi
• réciproque
• passif

VERS L'ANALYSE

Iphicrate est un maître et Arlequin son valet ; après un naufrage, ils se retrouvent sur une île où les rôles sont inversés : les valets sont devenus les maîtres et les maîtres sont devenus valets.

IPHICRATE : Avançons, je t'en prie.
ARLEQUIN : Je t'en prie, je t'en prie ; comme vous êtes civil et poli ; c'est l'air du pays qui fait cela.
IPHICRATE : Allons, hâtons-nous, faisons seulement une demi-lieue sur la côte pour chercher notre chaloupe, que nous trouverons peut-être avec une partie de nos gens ; et, en ce cas-là, nous nous rembarquerons avec eux.
ARLEQUIN, *en badinant* : Badin, comme vous tournez cela.

Marivaux, *L'Île des esclaves*, I, 1, 1725.

1. **Soulignez les deux formes pronominales utilisées dans le texte.**

2. **Expliquez en quoi elles insistent sur les actions collectives du maître et du valet, et pourquoi ce point est important à ce moment du texte.**

MINI-LIENS exercices interactifs : minilienrobert.com/1F2011

12 Phrase et proposition

OUTILS DE LANGUE Révision

Définition

- Une phrase est **un groupe de mots formant un tout et qui exprime un sens**. Elle commence par une majuscule et finit par une ponctuation forte : **. ! ?**

- Il existe deux types de phrases :

– **phrase simple** = une proposition
Ex. : Les habitants viennent en renfort.

– **phrase complexe** = plusieurs propositions
Ex. : On s'organise, on distribue les tâches.

Boîte à outils

Il existe des mots-phrases et des locutions-phrases. Souvent, ce sont des expressions usuelles.
Ex. : Pas du tout. | *Oui.* | *Bonjour.* | *Au revoir.*

Comment identifier une proposition ?

- La proposition est un ensemble de mots parmi lesquels se trouve un verbe conjugué.
Ex. : On s'organise, on distribue les tâches. → 2 verbes conjugués = 2 propositions

- Une proposition peut être :

– **indépendante** → elle ne dépend d'aucune autre proposition et aucune ne dépend d'elle ;
Ex. : On s'organise, on distribue les tâches. → 2 propositions indépendantes

– **principale** → elle ne dépend d'aucune autre proposition et commande au moins une proposition subordonnée qui dépend d'elle et la complète ;
Ex. : J'espère que tu viendras demain. → « J'espère » = proposition principale

– **subordonnée** → elle dépend d'une autre proposition et ne peut pas fonctionner sans elle.
Elle peut être relative → n° 27 p. 58, complétive, circonstancielle.
Ex. : J'espère que tu viendras demain. → « que tu viendras demain » = proposition subordonnée

La juxtaposition et la coordination

- Dans une même phrase, les propositions peuvent être :

– **juxtaposées** → elles sont séparées par un signe de ponctuation faible (**, ; :**) ;
Ex. : Ils viennent, ils les aident.

– **coordonnées** → elles sont reliées par une conjonction de coordination ou un adverbe de liaison (*et, donc, alors, puis*).
Ex. : Ils viennent puis ils les aident.

ENTRAÎNEMENT

★ **1 Combien de phrases le texte ci-dessous comporte-t-il ?** ....

« Ma mère était outrée. Elle ne me laissait pas une minute tranquille. Elle s'indignait, tempêtait, protestait. Je n'arrivais pas à la calmer. » (Romain Gary)

★ **2 Modifiez les phrases suivantes en ajoutant un verbe à l'impératif à la 2e personne du pluriel.**

Ex. : En route. → Mettez-vous en route.

1. Au travail. → ....
2. Du calme. → ....
3. Chacun son tour. → ....

★ 3 Cette phrase comporte-t-elle deux ou trois propositions ? 2

« Viens-tu du ciel profond ou sors-tu de l'abîme, / Ô beauté ? » (Charles Baudelaire)

★★ 4 Soulignez les phrases simples, entourez les phrases complexes.

1. Je ne peux oublier la guerre. Je le voudrais.
2. Je passe des fois deux jours ou trois sans y penser et brusquement, je la revois, je la sens, je l'entends. (Jean Giono)
3. Partez les premiers, nous vous rejoindrons.
4. Bien équipés, bien entraînés, nous pourrons marcher à un rythme soutenu.
5. Avez-vous pensé à prendre la carte et une boussole ?
6. Cette étape sera la plus longue.

★★ 5 Soulignez les propositions principales, entourez les propositions subordonnées.

1. Parce qu'ils ont conscience de l'urgence climatique, les lycéens manifestent.
2. Il est évident que la situation est grave.
3. Il me semble qu'il a raison.
4. Le mouvement dont je parle est mené par des associations.

★★ 6 Transformez ces propositions juxtaposées en propositions coordonnées, en ajoutant *donc*, *mais* ou *et*.

1. J'entre sans bruit, je découvre le désordre. → J'entre sans bruit et je découvre le désordre.
2. La nouvelle ne nous surprit pas, elle l'étonna beaucoup. → La nouvelle ne nous surpris pas mais elle l'étonna beaucoup.
3. L'exercice est facile, tu peux le faire sans aide. → L'exercice est facile donc tu peux le faire sans aide.

★★ 7 Reliez les deux propositions pour former une phrase complexe au moyen du subordonnant qui convient : *parce que*, *qu'*, *que*, *qui*.

1. Je pense qu'il faut apporter un pique-nique.
2. À neuf heures, tout doit être rangé parce que les cours reprennent normalement le lendemain.
3. Donne-moi le livre qui est posé sur mon bureau.

★★ 8 Complétez le texte avec le mot subordonnant qui convient : *quand*, *que*, *qui* ou *si*.

Je sens en écrivant ceci .... mon pouls s'élève encore ; ces moments me seront toujours présents, ... je vivrais cent mille ans. Ce premier sentiment de la violence et de l'injustice est resté .... profondément gravé dans mon âme, ... toutes les idées .... s'y rapportent me rendent ma première émotion. (Jean-Jacques Rousseau, *Les Confessions*, 1782)

2) Cet ajout favorise les pensées du lecteur et met en valeur ses émotions.

VERS L'ANALYSE

Le jour tombait, un humide crépuscule agaçait les nerfs, il regarda la tombe et y ensevelit sa dernière larme de jeune homme, cette larme arrachée par les saintes émotions d'un cœur pur, une de ces larmes qui, de la terre où elles tombent, rejaillissent jusque dans les cieux. Il se croisa les bras, contempla les nuages et, le voyant ainsi, Christophe le quitta.

Honoré de Balzac, *Le Père Goriot*, 1835.

1. **Repérez dans ce texte les propositions coordonnées, juxtaposées et les propositions subordonnées.**

2. **En quoi l'ajout de subordonnées à une phrase contenant majoritairement d'autres types de propositions souligne-t-il l'émotion du personnage ?**

MINI-LIENS exercices interactifs : **minilienrobert.com/1F2012**

13 La cause et la conséquence

OUTILS DE LANGUE Révision

La cause (ce qui provoque la survenue d'un événement)

- L'idée de **cause** peut être introduite par :
- deux points ⋮ *Ex. : Il dénonce la peine de mort : il la trouve barbare.*
- la conjonction de coordination ***car*** ⋮ *Ex. : Elle écrit ce livre car elle veut dénoncer la peine de mort.*

- On peut exprimer la cause avec un **complément circonstanciel de cause**. Il peut s'agir :
- d'un **GN** ou d'un **groupe infinitif** introduit par une préposition (*par, pour, en raison de, grâce à*, etc.) ;
  ⋮ *Ex. : Nos affaires ont été égarées par sa faute.* ⋮ *Elle est connue pour avoir beaucoup d'humour.*
- une **proposition participiale** ;
  ⋮ *Ex. : La prison l'ayant rendu fou, il devint assassin.* ⋮ *Son crime découvert, il fut condamné à nouveau.*
- d'une **proposition subordonnée conjonctive**, c'est-à-dire introduite par une conjonction de subordination (*parce que, puisque, comme, dès lors que*, etc.) suivie de l'indicatif ou du subjonctif. → n° 30 p. 64
  ⋮ *Ex. : Il est condamné à une peine de prison parce qu'il a volé un pain.*
  Non pas que la prison l'effraie, mais il préfèrerait l'éviter.

La conséquence (effet produit par une cause)

- L'idée de **conséquence** peut être introduite par :
- des **conjonctions de coordination** (donc) ⋮ *Ex. : Je pense donc je suis.* (René Descartes)
- des **adverbes de liaison** (*alors, ainsi, par conséquent...*).
  ⋮ *Ex. : Je n'ai pas de voiture, alors je ne peux pas m'y rendre.*

- On peut exprimer la conséquence avec un **complément circonstanciel de conséquence**. Il peut s'agir :
- d'un **GN** ou d'un **groupe infinitif** introduit par une préposition (*à, au point de, assez / trop... pour, jusqu'à*, etc.). ⋮ *Ex. : Il est indigné au point d'**en écrire un livre**.*
  (Il est indigné : proposition principale ; au point d' : préposition ; en écrire un livre : groupe infinitif)
- d'une **proposition subordonnée conjonctive**, introduite par *si bien que, de sorte que, si... que, tellement... que*, etc. suivie de l'indicatif ou du subjonctif. → n° 30 p. 64
  ⋮ *Ex. : La prison est si mal faite que **Claude Gueux finit par tuer**.*
  (La prison est : proposition principale ; si ... que : mot introducteur ; Claude Gueux finit par tuer : proposition subordonnée conjonctive)

ENTRAÎNEMENT

★ **1 Complétez la phrase avec le signe de ponctuation, puis la conjonction de coordination qui conviennent pour exprimer la cause.**

Signe de ponctuation → Il n'a pas pu venir .... il était malade.

Conjonction de coordination → Il n'a pas pu venir .... il était malade.

★★ **2 Soulignez la cause dans les phrases suivantes et dites si elle est exprimée par un GN ou un groupe à l'infinitif.**

1. Il s'est imposé comme le meilleur grâce à ses qualités. ....
2. Par manque d'humanité, tu l'as condamné sans réfléchir à ses motivations. ....
3. Claude Gueux a été condamné pour avoir volé un pain. ....

★★ 3 Dans les phrases suivantes, soulignez la proposition principale d'une couleur et la subordonnée d'une autre.

1. Comme il doit vérifier l'exactitude des faits qu'il va rapporter, le journaliste mène sa propre enquête.
2. Les journaux sur papier se vendent moins qu'avant du fait que beaucoup d'informations peuvent se trouver en ligne.

★★ 4 Soulignez, parmi ces propositions, la subordonnée participiale exprimant la cause qui peut compléter la phrase.

1. Comme tous les élèves sont en retard
2. De nombreux élèves étant en retard — , le professeur ne peut commencer son cours.
3. En raison du retard important des élèves

★ 5 Complétez la phrase avec la conjonction de coordination puis l'adverbe de liaison qui convient pour exprimer la conséquence.

Conjonction de coordination → Il était troublé .... il ne pouvait plus parler.

Adverbe de liaison → Il était troublé .... il ne pouvait plus parler.

★★ 6 Comment est exprimée la conséquence dans les phrases suivantes ? Reliez les éléments correspondants.

1. Il a commis un vol, par conséquent il a été puni. •	• adverbe de liaison
2. Il est furieux au point de refuser de venir. •	• proposition subordonnée
3. Il a tellement travaillé qu'il est épuisé. •	• groupe prépositionnel à l'infinitif

★★ 7 Dans les phrases suivantes, soulignez la cause d'une couleur, la conséquence d'une autre.

1. Les tableaux de Renoir ont atteint une valeur trop élevée pour qu'on puisse les évaluer.
2. Puisqu'Harpagon se montre trop avare, ses enfants ont raison de le berner.
3. Ma sœur s'arrêta de jouer : elle était trop émue.
4. Il est tellement affamé qu'il mange ce qu'il a ramassé par terre.

★★ 8 Dites si les éléments soulignés expriment la cause ou la conséquence.

1. La peine de mort n'est pas efficace parce qu'elle ne fait pas baisser la criminalité. ....
2. Exécuter un homme, c'est en faire un martyr, alors certains se glorifient d'être condamnés à mort. ....
3. Tout criminel peut revenir dans le droit chemin si bien que l'exécuter serait injuste. ....
4. Même légale, la peine de mort reste un meurtre étant donné que la société n'a pas le droit de tuer. ....

VERS L'ANALYSE

Il montait lentement les marches, le cœur battant, l'esprit anxieux, harcelé surtout par la crainte d'être ridicule ; et, soudain, il aperçut en face de lui un monsieur en grande toilette qui le regardait. Ils se trouvaient si près l'un de l'autre que Duroy fit un mouvement en arrière, puis il demeura stupéfait : c'était lui-même, reflété par une haute glace en pied qui formait sur le palier du premier une longue perspective de galerie. Un élan de joie le fit tressaillir, tant il se jugea mieux qu'il n'aurait cru.

Guy de Maupassant, *Bel Ami*, 1885.

1. Soulignez les termes exprimant la cause et entourez ceux exprimant la conséquence.

2. En quoi ce moment du roman opère-t-il un changement chez le personnage ?

MINI-LIENS exercices interactifs : **minilienrobert.com/1F2013**

14 Le but et la crainte

OUTILS DE LANGUE Révision

Le but (objectif visé par quelqu'un en menant une action)

• L'idée de but peut être introduite par :

– les **conjonctions de subordination** *pour que, afin que, à seule fin que* ;

Ex. : J'écris pour que tu te souviennes.

– une préposition suivie d'une proposition infinitive ou participiale.

Ex. : J'écris pour me souvenir. → *pour* + proposition infinitive

• On peut exprimer le but avec un **complément circonstanciel de but**. Il peut s'agir :

– d'un **GN prépositionnel** ou d'un **groupe infinitif prépositionnel** introduit par *pour, afin de, en vue de*, etc. ;

Ex. : En vue de plus de confort (GN)*, on adopta le train.* | *Pour contenter la population* (groupe infinitif)*, on fit des travaux.*

– d'une **proposition subordonnée conjonctive**, introduite par *pour que, afin que*...
Le verbe de cette proposition est toujours au **subjonctif**. → n° 30 p. 64

Ex. : On fit des travaux pour que les désirs de la population soient satisfaits.

La crainte (effet d'une action que l'on souhaite éviter : c'est donc un but écarté)

• L'idée de crainte peut être introduite par :

– les **conjonctions de subordination du but** associées à une négation ;

Ex. : J'écris pour que tu ne m'oublies pas.

– les **outils subordonnants de sens négatif** *de peur que, de crainte que*.

Ex. : J'écris de peur que tu m'oublies.

• On peut exprimer la crainte avec un **complément circonstanciel de crainte**. Il peut s'agir :

– d'un **GN prépositionnel** ou d'un **groupe infinitif prépositionnel** introduit par *de peur de, de crainte de, pour ne pas, afin de ne pas*... ;

Ex. : De peur d'un accident (GN prépositionnel)*, ils roulèrent lentement.* | *De peur d'aller trop vite* (groupe infinitif prépositionnel)*, ils renoncèrent aux bolides.*

– d'une **proposition subordonnée conjonctive** introduite par *de peur que, de crainte que, pour que... ne... pas, afin que... ne... pas*... Le verbe de cette proposition est toujours au **subjonctif**. → n° 30 p. 64

Ex. : De crainte que les voies ferrées ne se brisent sous ces trains hyperrapides, on fit des travaux.

ENTRAÎNEMENT

★ **1 Les groupes de mots soulignés expriment-ils ou non le but ? Entourez la bonne réponse.**

1. Il travaille pour réussir. Oui Non
2. Il travaille par nécessité. Oui Non
3. Il travaille si bien qu'il réussit. Oui Non

★★ **2 Transformez les groupes soulignés en une subordonnée de but.**

1. Pour clarifier mon exposé, je ferai un schéma. → Pour ...., je ferai un schéma.
2. Ce jardinier arrose son potager pour le protéger de la sécheresse.
→ Ce jardinier arrose son potager pour .... de la sécheresse.
3. Pour ne pas polluer l'environnement, je n'utilise pas de sacs en plastique.
→ Pour ...., je n'utilise pas de sacs en plastique.

★★★ **3 Soulignez les CC de but et précisez : GN, groupe infinitif ou proposition subordonnée.**

1. Le savoir est le meilleur atout qu'a l'humanité pour assurer sa survie. ……………………
2. Nous l'avons utilisé pour la domination de la nature. ……………………
3. Afin que ces progrès restent bénéfiques, il faut veiller à leur usage. ……………………
4. Nous devons agir en vue de la sauvegarde des écosystèmes. ……………………
5. Afin de garantir la survie de l'humanité, réduisons notre gaspillage. ……………………

★ **4 Reliez les compléments de crainte à l'élément de phrase qui convient.**

1. Il est resté chez lui • • par peur de la foule.
2. Les spectateurs ont éteint leurs téléphones • • de crainte que l'orage ne les endommage.
3. Les villageois ont débranché les appareils électriques • • de peur de gêner les comédiens.

★★ **5 Cochez celle des deux subordonnées qui exprime la crainte.**

1. Le passager clandestin ne sort jamais
   - ☐ de peur qu'on ne le découvre.
   - ☐ afin qu'on ignore sa présence à bord.
2. Les marins ont affalé les voiles
   - ☐ pour que le bateau se redresse.
   - ☐ de crainte que le bateau ne chavire.
3. L'électricien a fait disjoncter le circuit
   - ☐ de crainte qu'une étincelle ne jaillisse.
   - ☐ pour que la réparation se fasse sans risque de court-circuit.

★★ **6 Soulignez d'une couleur les subordonnées complément de but et d'une autre les subordonnées complément de crainte.**

1. a. On songe à limiter l'emploi des robots de peur d'une augmentation du chômage.
   b. On songe à limiter l'emploi des robots de crainte que le chômage n'augmente.
2. a. Je ne t'ai pas prévenu afin que tu ne réagisses pas mal.
   b. Je ne t'ai pas prévenu de peur de ta réaction.
3. a. Nous manifestons pour la défense de nos droits.
   b. Nous manifestons pour que nos droits soient défendus.

★★★ **7 Indiquez la nature grammaticale de l'élément souligné.**

1. Il est rentré chez lui pour que ses enfants ne s'inquiètent pas. ……………………
2. Je refuse de manger des aliments cultivés hors-sol de peur de m'empoisonner. ……………………
3. D'après toi, que devons-nous faire pour sa réussite ? ……………………
4. Je ménage ma peine de crainte que mes efforts soient inutiles. ……………………

VERS L'ANALYSE

Chacun rapporte pour son trophée la tête de l'ennemi qu'il a tué, et l'attache à l'entrée de son logis. Après avoir longtemps bien traité leurs prisonniers, […] celui qui en est le maître […] attache une corde à l'un des bras du prisonnier, par le bout de laquelle il le tient éloigné de quelques pas, de peur d'en être blessé, et donne au plus cher de ses amis l'autre bras à tenir de même ; et eux deux, en présence de toute l'assemblée, l'assomment à coups d'épée. Cela fait, ils le rôtissent et en mangent en commun […]. Ce n'est pas, comme on pense, pour s'en nourrir […] ; c'est pour représenter une extrême vengeance.

Montaigne, « Des Cannibales », *Essais I*, 1580.

1. Selon Montaigne, quel est le but poursuivi par les Indiens cannibales en mangeant leur ennemi ?

2. En quoi l'expression de ce but fait voir différemment la scène précédemment racontée ?

MINI-LIENS exercices interactifs : **minilienrobert.com/1F2014**

15 L'opposition et la concession

OUTILS DE LANGUE Révision

L'opposition

- L'opposition consiste à souligner un contraste entre deux situations.
- L'idée d'**opposition** peut être introduite par :

– des **conjonctions de coordination** (*or, mais*) ;

Ex. : La fusillade crépitait, plus serrée, mais la compagnie fonçait.

– des **adverbes ou locutions adverbiales** (*pourtant, au contraire, toutefois...*).
Ces derniers se situent entre des mots, des phrases ou des propositions indépendantes ;

Ex. : Il faisait chaud dans la pièce, pourtant le chauffage n'était pas allumé.

– des **prépositions ou locutions prépositionnelles** (*contrairement à*).

Ex. : Elle avait les cheveux bouclés contrairement à sa sœur.

- On peut exprimer l'opposition avec un **complément circonstanciel d'opposition**. Il peut s'agir :

– d'un **GN** ou d'un **groupe infinitif** ;

Ex. : Loin de l'inquiéter, cette information la mettait en joie.

– d'une **proposition subordonnée conjonctive** → n° 30 p. 64 introduite par *tandis que, alors que*.

Ex. : Tandis que les généraux étaient à l'arrière, les simples soldats se battaient en première ligne.

La concession

- La concession sert à souligner une **contradiction** : un fait a lieu alors qu'un autre fait devrait l'empêcher.
- L'idée de **concession** peut être introduite par :

– des **adverbes ou locutions adverbiales** (*quand même*) ;

Ex. : Il s'est levé longtemps après que son réveil a sonné mais il est quand même arrivé à l'heure.

– des **prépositions** (*malgré, en dépit de, même sans*) ou la tournure *avoir beau* ;

Ex. : Malgré son jeune âge, elle comprenait beaucoup de choses.

– des **conjonctions de subordination** (*même si, quand bien même, bien que, si*, etc.).

Ex. : Les températures sont clémentes bien qu'on soit en hiver.

- On peut exprimer la concession avec un **complément circonstanciel de concession**. Il peut s'agir :

– d'un **GN** ou d'un **groupe infinitif** ;

Ex. : Elles sont allées se promener en dépit de la pluie.

– d'un **gérondif** ;

Ex. : Même en se couvrant bien, il a froid.

– d'une **proposition subordonnée conjonctive** → n° 30 p. 64 introduite par :
même si + indicatif ; *quand bien même* + conditionnel ; *bien que, quoique* + subjonctif ;
si, aussi, tout, quelque + adjectif + *que* + subjonctif

ENTRAÎNEMENT

★ **1 Soulignez dans les phrases suivantes les éléments qui expriment l'opposition.**

1. Contrairement à d'autres qui ont fait moins de morts, la Grande Guerre a traumatisé l'Europe.
2. En 1916, toute une génération s'est entretuée au lieu de faire fructifier le pays.

★ **2 Dites par quel moyen est exprimée la concession.**

1. Quoiqu'elle fût en retard, elle ne s'inquiétait pas. •
2. Quand bien même il me supplierait, je ne cèderai pas. •
3. Tout en le comprenant, je ne l'excuse pas. •
4. Pour être étourdi, il n'en est pas moins intelligent. •
5. En dépit de sa fierté, il s'excusa. •
6. Je le comprends même s'il est pénible. •

• GN prépositionnel
• groupe infinitif
• gérondif
• subordonnée au conditionnel
• subordonnée au subjonctif
• subordonnée à l'indicatif

★★ **3 a. Complétez les phrases en utilisant la locution conjonctive de la liste qui convient.**

bien que • alors qu' • quoiqu'

1. Cette héroïne a prononcé un discours .... elle risquait sa vie pour ses idées.
2. Elle écrit un plaidoyer pour la paix, ... elle ait fait carrière dans l'armée.
3. Les armées maintiennent la paix, ... certains aient intérêt à déclencher un conflit.

b. Complétez les phrases avec les locutions conjonctives qui conviennent.

malgré • en dépit de • même sans

1. Je suis venu .... moi.
2. Tu pourras apprécier ce livre .... en connaître l'auteur.
3. .... tout ce qu'on raconte, c'est une bonne camarade.

★★ **4 Reformulez la concession en employant l'expression *en dépit de*.**

Ce dictateur est apprécié d'une partie de la population alors qu'il a commis des crimes.

→ ....

★★★ **5 Mettez le verbe entre parenthèses au temps et au mode qui conviennent.**

1. Quoique je n'(*avoir*) .... pas de haine pour les ennemis, j'ai dû me battre contre eux.
2. Bien qu'il (*falloir*) .... faire la guerre, nous n'en avons aucune envie.
3. Nous rêvons de retrouver nos familles, même si les combats nous en (*éloigner*) ....

VERS L'ANALYSE

Au XVIIIe siècle, alors que l'île de Tahiti vient d'être découverte, un Tahitien tente d'avertir ses compatriotes sur le danger de la venue des Européens.

Pleurez, malheureux Otaïtiens ! pleurez ; mais que ce soit de l'arrivée, et non du départ de ces hommes ambitieux et méchants : un jour, vous les connaîtrez mieux [...]. Un jour vous servirez sous eux, aussi corrompus, aussi vils, aussi malheureux qu'eux. Mais je me console ; je touche à la fin de ma carrière, et la calamité que je vous annonce, je ne la verrai point. Ô Otaïtiens, ô mes amis, vous auriez un moyen d'échapper à un funeste avenir, mais j'aimerais mieux mourir que de vous en donner le conseil. Qu'ils s'éloignent et qu'ils vivent.

Denis Diderot, *Supplément au Voyage de Bougainville*, 1772.

1. Il y a trois expressions de l'opposition dans ce texte : quelles sont-elles ?

2. En quoi servent-elles à marquer le conflit entre le personnage qui prend la parole et ceux à qui il s'adresse ?

MINI-LIENS exercices interactifs : minilienrobert.com/1F2015

16 La condition

OUTILS DE LANGUE Révision

- La **condition** est un fait ou une situation qui doit avoir lieu pour qu'une **hypothèse** se réalise.
  Ex. : Si ton cri est plus fort que l'océan (condition), *tu pourras libérer l'horizon* (hypothèse).

Comment exprimer la condition ?

- Dans la **phrase simple**, la condition peut être introduite par une **préposition** (*en cas de, à condition de*).
  Ex. : La nature est accueillante, à condition d'éviter la pluie.

- Dans la **phrase complexe**, la condition peut être introduite par des **conjonctions de subordination** suivies d'une **proposition subordonnée CC de condition**.

- On peut exprimer la condition avec un complément circonstanciel de condition. Il peut s'agir :

– d'un **GN prépositionnel** ou d'un **groupe infinitif prépositionnel**
  Ex. : En cas de doute, demande ton chemin.

– d'un **gérondif** *Ex. : En marchant plus vite, vous arriveriez à l'heure.*

– d'une **proposition subordonnée CC de condition** suivie de l'indicatif ou du subjonctif.

- La condition non réalisée peut être exprimée par un **adverbe** (*sinon, autrement*, etc.).
  Ex. : J'aime la nature, sinon je n'écrirais pas de poèmes sur elle.

La subordonnée circonstancielle de condition

- La subordonnée circonstancielle de **condition** est introduite par :

– ***à condition que, pourvu que, pour peu que, que… que* + subjonctif** ;
  Ex. : Je te mettrai une bonne note pour peu que tu fasses un effort.

– ***au cas où, quand (bien) même* + conditionnel** ;
  Ex. : Je corrige mes cours au cas où les élèves ne les comprendraient pas.

- Après ***si***, les temps et modes utilisés dans la proposition principale et la subordonnée renseignent sur la nature de la condition et de l'hypothèse : **est-elle probable ou non ?**

– ***si* + présent → verbe de la principale au futur de l'indicatif**

→ la conséquence est éventuelle, très probable *Ex. : Si tu viens aujourd'hui, je serai content.*

– ***si* + imparfait → verbe de la principale au conditionnel présent**

→ la conséquence est possible dans le futur, c'est-à-dire **potentielle**, ou est impossible dans le présent : on parle d'**irréel du présent** *Ex. : Si tu venais aujourd'hui, je serais content.*

– ***si* + plus-que-parfait → verbe de la principale au conditionnel passé**

→ la conséquence était impossible dans le passé : on parle d'**irréel du passé**.
  Ex. : Si tu étais venu aujourd'hui, j'aurais été content.

ENTRAÎNEMENT

★ **1 Soulignez les parties des phrases suivantes qui expriment une hypothèse ou une condition.**

1. Nous partirons skier s'il neige cet hiver.
2. Vous serez les bienvenus chez nous à condition de vous adapter à notre mode de vie.
3. Pourvu que le public apprécie notre spectacle, nous serons satisfaits.

★★ **2** **Transformez les subordonnées circonstancielles en groupes prépositionnels commençant par *à condition de*.**

1. Si tu fais une promenade dans les bois, tu te sentiras mieux.
→ À condition de .... dans les bois, tu te sentiras mieux.
2. Pour peu que tu rencontres un chevreuil, tu seras émerveillé.
→ À condition de .... un chevreuil, tu seras émerveillé.

★★ **3** **Complétez les phrases par la conjonction ou la préposition de la liste qui convient.**

à condition de • s' • pourvu que

1. .... il y a des gelées en avril, les récoltes seront mauvaises.
2. L'héroïne du roman comprend qu'elle parviendra à ses fins .... ruser avec son entourage.
3. .... tout le monde soit d'accord, nous pouvons passer au vote.

★★ **4** **Choisissez la forme verbale de la liste qui convient.**

avait pu • pouvait • pourrait

1. Si demain il faisait beau, il .... nous rejoindre en vélo.
2. Il me rejoindrait le mois prochain s'il ....
3. Il aurait répondu aussitôt à votre lettre s'il ....

★★ **5** **a. Conjuguez le verbe à l'infinitif au mode et au temps qui conviennent.**

1. Si on me l'(*dire*) .... je ne l'aurais pas cru.
2. Si vous l'aviez su plus tôt, vous (*ne pas prendre*) .... une telle décision.

b. Choisissez la forme verbale correcte.

a • avait • aura • avait eu

Si le comédien .... un trou de mémoire, le souffleur viendrait à son aide.

★★★ **6** **Quel est le système conditionnel exprimé dans les phrases suivantes ?**

1. S'il avait été jaloux, il n'aurait pas supporté votre succès. •
2. Cet air nous toucherait s'il était chanté par quelqu'un d'autre. •
3. S'il est très appliqué, il se fera vite remarquer. •
4. S'il fait beau, nous irons sur la terrasse. •
5. Si tu venais nous rejoindre cet été nous en serions très heureux. •

- • éventuel
- • irréel du présent
- • irréel du passé
- • potentiel

★★★ **7** **Précisez par quel moyen de la liste la condition est exprimée.**

gérondif • adjectif apposé • subordonnée • participe • GN • groupe infinitif

1. Si tu as la grippe, il faut rester au lit. ....
2. En vous appliquant, vous réussirez. ....
3. Comme ce paysage serait joli sans ces énormes tours. ....

VERS L'ANALYSE

J'ai beau être engagé, l'amour que j'ai pour une belle n'engage point mon âme à faire injustice aux autres [...]. [...] je ne puis refuser mon cœur à tout ce que je vois d'aimable ; et dès qu'un beau visage me le demande, si j'en avais dix mille, je les donnerais tous.

Molière, *Don Juan*, I, 2, 1682.

1. La condition exprimée par Don Juan est-elle possible ou relève-t-elle de l'irréel ?

2. En quoi ce type de condition souligne-t-il la tendance de Don Juan à exagérer, d'une part, et à refuser la réalité, d'autre part ?

MINI-LIENS exercices interactifs : **minilienrobert.com/1F2016**

17 L'accord du participe passé

OUTILS DE LANGUE Révision

Avec l'auxiliaire être

Conjugué avec l'auxiliaire ***être***, le participe passé s'accorde **toujours** avec le sujet du verbe **en genre et en nombre.** *Ex. : Julie est venue en Hollande. Ils sont allés se promener en forêt.*

Avec l'auxiliaire avoir

- Conjugué avec l'auxiliaire ***avoir***, le participe passé ne s'accorde **jamais avec le sujet** du verbe. Il s'accorde **avec le COD** si celui-ci est **placé avant le verbe.**
  Ex. : J'ai vu mes amis (COD) *→ Je les* (COD) *ai vus.*
- Le participe passé ne s'accorde **jamais avec le COI ni avec le COS**.

L'accord des participes passés des verbes pronominaux

→ n° 11 p. 26

- **Verbe essentiellement pronominal.** *Ex. : Elle s'est méfiée.*
- **Verbe dont le sens change à la forme pronominale.** *Ex. : Elle s'est attendue à cette fin.*
- **Verbe à sens passif.** *Ex. : La leçon s'est achevée. → La leçon a été achevée.*

→ **Accord avec le SUJET (règle de l'auxiliaire *être*)**

Verbe pronominal réfléchi ou réciproque + COD avant le verbe. *Ex. : Ils se sont lavés.*

→ **Accord avec le COD (règle de l'auxiliaire *avoir*)**

- **Verbe pronominal réfléchi ou réciproque + COD après le verbe.** *Ex. : Elle s'est donné du mal.*
- **Verbe pronominal réfléchi ou réciproque sans COD.** *Ex. : Ils se sont parlé.*
- **Verbe pronominal réfléchi ou réciproque qui n'a jamais de COD.**
  Certains verbes *Ex. : se plaire, se complaire, se déplaire, se rire, se sourire, se succéder, se ressembler, se parler, se nuire, se survivre, se suffire, se convenir, etc.*
  Certaines locutions verbales pronominales *Ex. : se faire mal, se faire tort, se faire peur, se rendre compte, se donner rendez-vous, se faire injure, se faire honneur, etc.* (participes invariables)
- **Verbe pronominal réfléchi ou réciproque quand le pronom a la fonction de COI.**
  Ex. : Les années se sont succédé. → Les années ont succédé aux années.

→ **Pas d'accord**

ENTRAÎNEMENT

★ **1 Dans les phrases suivantes le participe passé s'accorde avec le sujet.**

	Vrai	Faux
1. Je suis née en Bretagne.	☒	☐
2. J'ai grandi dans un village.	☐	☒
3. J'ai déménagé à plusieurs reprises.	☐	☒
4. Je suis venue vivre à Paris à vingt ans.	☒	☐

★ 2 Surlignez le participe passé correctement accordé.

1. Dans les années 1930, les nazis ont commencé / commencés / commencée / commencées à s'en prendre aux juifs. 2. Ils leur ont interdit / interdite / interdits l'accès aux écoles publiques et les en ont chassé / chassés / chassée / chassées. 3. On a forcé / forcée / forcés la jeune Anne Frank à quitter son école et on l'a intégré / intégrés / intégrée / intégrées dans un lycée juif. 4. Nous sommes révolté / révoltés / révoltée / révoltées par ces discriminations, suivi / suivis / suivie / suivies de véritables persécutions.

★ 3 Complétez ces phrases par le participe passé du verbe entre parenthèses.

1. J'ai (*rencontrer*) .... beaucoup d'amis quand j'étais enfant.
2. Je les ai (*fréquenter*) .... pendant des années.
3. J'ai (*habiter*) .... plusieurs maisons, que j'ai (*quitter*) .... au fil des années.
4. Combien d'écoles ai-je (*connaître*) .... ?
5. Cette école, je l'ai beaucoup (*aimer*) ....
6. (*Inspirer*) .... par les exemples qu'elle voyait autour d'elle, cette femme a toujours (*aimer*) .... dessiner.
7. Elle a été (*soutenir*) .... par des professeurs et des artistes qu'elle avait (*rencontrer*) ....
8. J'aime beaucoup les œuvres qu'elle a (*produire*) ....

★ 4 Récrivez ces phrases en remplaçant les groupes soulignés par un pronom.

Ex. : C'est au CM2 que j'ai rencontré Mme Renat. → C'est au CM2 que je l'ai rencontrée.

1. J'ai beaucoup apprécié cette directrice d'école. → Je ....
2. J'ai rêvé de toujours rester dans sa classe. → J' ....
3. À Julie et moi, elle a donné des conseils. → Elle ....
4. Nous n'avons jamais oublié ses leçons. → Nous ne ....

★★ 5 Complétez ces phrases avec les participes passés accordés comme il convient.

connu • dit • dites • connus • couchée • plus • plu • couché

1. Longtemps, Marcel s'est (*coucher*) .... de bonne heure.
2. Vous vous êtes (*dire*) .... des choses émouvantes.
3. Nous nous sommes (*connaître*) .... quand nous étions tout petits.
4. Nous nous sommes (*plaire*) .... quand nous étions adolescents.

★★ 6 Complétez ces phrases par le participe passé du verbe entre parenthèses.

1. Ils se sont (*voir*) .... hier soir.
2. Elle s'est (*voir*) .... dans le miroir et a poussé un cri.
3. Ils se sont (*lever*) .... du mauvais pied ce matin.
4. Mes amies se sont (*sortir*) .... d'affaire, malgré les soucis qui se sont (*succéder*) ....

VERS L'ANALYSE

Je n'ai plus que les os, un squelette je semble,
Décharné, dénervé, démusclé, dépulpé,
Que le trait de la mort sans pardon a frappé,
Je n'ose voir mes bras que de peur je ne tremble.
Apollon et son fils, deux grands maîtres ensemble,
Ne me sauraient guérir, leur métier m'a trompé ;
Adieu, plaisant Soleil, mon œil est étoupé,
Mon corps s'en va descendre où tout se désassemble.

Ronsard, « Je n'ai plus que les os », *Derniers vers*, 1586.

1. Surlignez les participes passés du texte.

2. En quoi l'usage de ces participes passés souligne-t-il le caractère inéluctable et définitif de la mort ?

MINI-LIENS exercices interactifs : minilienrobert.com/1F2017

18 L'accord de l'attribut du sujet et du COD

OUTILS DE LANGUE Révision

• Un adjectif peut être **relié à un nom par un verbe d'état** (ou **verbe attributif**), appelé ainsi parce qu'il exprime un état, une manière d'être. *Ex. : être, devenir, rester, demeurer, paraître, sembler, avoir l'air, passer pour.* → On dit que cet adjectif est **attribut**. *Ex. : Je suis satisfaite. Elle me semble fatiguée.*

• Un adjectif peut aussi être relié à un nom par certains verbes **exprimant la perception, le jugement, le fait de nommer ou le changement**. *Ex. : voir, trouver, croire, appeler, rendre.* → On dit que cet adjectif est attribut du COD. *Ex. : Je la trouve différente. Le sport rend heureux.*

Boîte à outils

Certains verbes peuvent être employés comme des verbes d'état même s'ils ont d'autres emplois : ***naître***, ***vivre***, ***mourir***, ***tomber***.

Ex. : Il naît riche. Elle vit heureuse. Il meurt abandonné. Elle tombe amoureuse.

L'attribut du sujet

• Quand le nom qualifié par l'attribut est sujet de la phrase ou de la proposition, on dit que l'adjectif est **attribut du sujet**.

*Ex. : **La machine à remonter le temps** (sujet) est rouge (attribut du sujet).*

Boîte à outils

Si le verbe a plusieurs sujets au singulier, l'attribut s'accorde au pluriel.

Ex. : Votre chien et votre chat semblent amis.

• L'attribut du sujet peut être **un groupe nominal** ou **un pronom** qui s'accorde avec le sujet.

Ex. : Le chien de l'héroïne est son ami. → *son ami* = GN attribut de *chien*, s'accorde avec ce sujet.
Cet enfant est le mien. → *le mien* = pronom possessif, attribut de *enfant*, s'accorde avec le sujet.

L'attribut du COD

• Quand le nom est COD de la phrase ou de la proposition, on dit que l'adjectif est **attribut du COD**.

Ex. : Nous trouvons cet inventeur sympathique → *sympathique* = attribut du COD *cet inventeur.*

• L'attribut du COD **s'accorde en genre et en nombre avec le COD** qu'il qualifie.

Ex. : Il les rend intelligents.

Boîte à outils

Pour repérer **l'attribut du COD** et le différencier de l'adjectif épithète, il faut se rappeler que **l'attribut du COD est relié au COD par un verbe d'état sous-entendu**.

Ex. : Nous trouvons (que) cet inventeur (est) sympathique.

ENTRAÎNEMENT

★ **1 Entourez les verbes d'état et soulignez les verbes d'action.**

demeurer • rester • devenir • paraître • voir • passer pour • avoir • partir • être • changer • penser • faire

★ **2 Les adjectifs soulignés sont attributs du sujet. Cochez la bonne case.**

	Vrai	Faux
1. Je demeurai sceptique face à ce soi-disant progrès.	☐	☐
2. Les Martiens, aussi étonnés que nous, ne bougeaient pas.	☐	☐
3. Tu n'as pas l'air ravi de voir ta machine fonctionner.	☐	☐
4. Le savant est tombé amoureux de son invention.	☐	☐

5. Mais cette invention folle doit rester dans le laboratoire. ☐ ☐
6. Le voyage dans le temps deviendra bientôt populaire. ☐ ☐
7. Les humains vivront heureux sur d'autres planètes. ☐ ☐

★ 3 Accordez l'adjectif attribut avec le sujet.

1. Ces inventeurs passent pour (*génial*) ....
2. Nous restions (*convaincu*) .... de l'utilité de ce robot.
3. Elle paraît plus (*vieux*) .... depuis qu'elle a voyagé dans ce vaisseau.
4. Les grands esprits deviennent souvent (*fou*) .... lorsqu'ils veulent changer le monde.
5. La capacité d'adaptation des humains aux machines semble (*infini*) .... : les utilisateurs de téléphones intelligents en sont devenus (*dépendant*) ....

★ 4 Accordez l'adjectif attribut avec le COD.

1. La machine à explorer le temps a rendu toutes les époques (*accessible*) ....
2. J'aime aussi les voyages dans le futur, je les trouve moins (*ordinaire*) ....
3. L'Antiquité et le Moyen Âge, on peut les estimer un peu (*banal*) ....

★★ 5 Trouvez la nature des éléments soulignés, qui rend leur accord possible ou non.

1. Les deux héros tombèrent, inanimés. •
2. La réussite sociale devint bientôt son seul but. •
3. Julien et Marie furent bientôt mes compagnons de jeu préférés. •
4. Cette valise est la mienne. •
5. Ce spectacle fut pour moi une révélation. •
6. Annie Ernaux et Virgine Despentes sont des autrices importantes. •

- • participe passé employé comme adjectif
- • pronom possessif, accord
- • GN, accord
- • GN avec un nom qui n'a pas de genre, pas d'accord.

★★ 6 Reliez les adjectifs soulignés à leur fonction.

1. Les machines sont essentielles au progrès de l'humanité. •
2. Elles rendent souvent l'homme plus performant. •
3. Pourtant, l'être humain reste souvent malheureux. •
4. Les scientifiques se trouveront donc toujours indispensables. •

- • attribut du sujet
- • attribut du COD

★★★ 7 Soulignez les attributs du COD.

1. Cet homme sensible pensait siennes toutes les souffrances du monde.
2. On a retrouvé ce mendiant couché à même le sol.
3. Je trouve la question des inégalités sociales importante.

VERS L'ANALYSE

Il me faut chanter ce que je ne voudrais pas
Tant j'ai à me plaindre de celui dont je suis l'amie.
Car je l'aime plus que toute chose qui soit.
Auprès de lui n'ont de valeur ni la pitié ni la courtoisie,
Ni ma beauté ni mon mérite ni mon esprit,
Aussi suis-je trompée et trahie,
Comme je devrais l'être si je n'étais pas jolie.

La Comtesse de Die, « Chanson », fin du XIIe siècle.

1. Quels sont les attributs du sujet accordés dans ce couplet de chanson médiévale ? Soulignez-les.

2. En quoi leur place est-elle importante dans la progression du couplet et souligne-t-elle un retour sur soi de la poétesse ?

MINI-LIENS exercices interactifs : minilienrobert.com/1F2018

19 Participe présent et adjectif verbal

OUTILS DE LANGUE Révision

Le participe présent

- Le participe présent est une forme verbale qui **se finit toujours par *-ant***.
- Il ne se conjugue pas : c'est **un mode impersonnel du verbe**.
- Il est invariable. *Ex. : languir* → *languissant.*

L'adjectif verbal

- L'adjectif verbal est **un participe présent employé comme adjectif**.
- Comme les autres adjectifs, il **s'accorde en genre et en nombre avec le nom qu'il qualifie**.
  Ex. : des jours languissants.

Comment savoir si l'accord est nécessaire ?

- Pour savoir si l'accord est nécessaire, il faut **différencier participe présent et adjectif verbal** :

– si on peut **ajouter *ne ... pas***, c'est un participe présent invariable ;
  Ex. : Les jours suivant l'arrestation, Chénier écrivit des poèmes.
  → On peut dire *les jours ne suivant pas l'arrestation.*

– si on peut **accorder au féminin**, c'est un adjectif verbal et il s'accorde.
  Ex. : Les jours suivants, Chénier écrivit des poèmes. → On peut dire *les semaines suivantes.*

- Il peut y avoir une **différence orthographique** entre le participe présent et l'adjectif verbal :

– **participe présent en *-ant* / adjectif verbal en *-ent*** ;
  Ex. : participe présent *résidant* / adjectif verbal devenu nom *un résident*
  participe présent *convergeant* / adjectif verbal *convergent*.

– **participe présent en *-quant* / adjectif verbal en *-cant*** ;
  Ex. : participe présent *fabriquant* / adjectif verbal devenu nom *un fabricant*
  participe présent *convainquant* / adjectif verbal *convaincant*.

– **participe présent en *-guant* / adjectif verbal en *-gant***.
  Ex. : participe présent *intriguant* / adjectif verbal *intrigant*.

Boîte à outils

Certains adjectifs verbaux sont devenus des noms.
Ex. : Le plaignant, des étudiants.

ENTRAÎNEMENT

1 Donnez les participes présents des verbes suivants.

- écouter → ....
- prendre → ....
- avoir → ....
- savoir → ....
- célébrer → ....
- perdre → ....
- croire → ....
- fatiguer → ....

★★ 2 Le mot souligné est-il un participe présent, un adjectif verbal ou un nom ?

1. Selon la légende, le poète Orphée avait un chant <u>envoûtant</u>. •
2. Il déclamait ses vers, <u>ensorcelant</u> humains et animaux. •
3. Cette solution <u>équivalant</u> à la tienne, nous adopterons l'une ou l'autre. •
4. De nouveaux <u>adhérents</u> se sont inscrits à cette association. •
5. La chaleur rend le public <u>somnolent</u>. •
6. Voici notre <u>président</u>. •

- participe présent
- adjectif verbal
- nom

★★ 3 Complétez les formes en *-ant*, en les accordant si nécessaire.

1. Les étoiles brillant......... en scintillant......... au firmament, nous dessinent des chemins charmant......... .
2. Sa beauté est resplendissant......... .
3. Nos passions changeant......... nous font souffrir.
4. C'est ce dont parlent les poètes dans des vers poignant......... .

★★ 4 Complétez les phrases par un participe présent ou par un adjectif verbal de la liste.

zigzaguant • agaçant • zigzagante • divergentes • agaçants • divergeant

1. Alexandre et Sophie sont des élèves bavards, ... tout le monde.
2. Cette route .... est pleine de charme.
3. Nous avons des opinions ....

★★ 5 Complétez les mots avec *e* ou *a*. Précisez leur classe grammaticale. → n° 1 p. 6

1. Sur le but de la poésie, les avis sont diverg..........nts. ....
2. Ronsard, Chénier, Hugo, tous excell..........nt à composer des vers, ont écrit des poèmes engagés. ....
3. Différ..........nt de leur avis, Gautier a défendu l'art pour l'art. ....
4. Il a été très influ..........nt. ....
5. Moi, tout ce que je peux dire, c'est que tous ces poètes sont excell..........nts. ....

★★★ 6 Soulignez la forme correcte (participe présent ou adjectif verbal).

Dans « Le Bateau ivre », Arthur Rimbaud compare le poète à un bateau naviguant / navigant sur la mer. Perdu en plein océan, zigzaguant / zigzagant sur les flots, le navire découvre des spectacles merveilleux et intriguant / intrigants. Mais il éprouve aussi des chagrins désespérant / désespérants. Le poète utilise d'audacieuses métaphores communiquant / communicantes des émotions violentes.

VERS L'ANALYSE

LE COMTE. – Oh ! grâce ! grâce, ami ! Est-ce que tu fais aussi des vers ? Je t'ai vu là griffonnant sur ton genou, et chantant dès le matin.

Beaumarchais, *Le Barbier de Séville*, I, 2, 1775.

1. **Combien de formes en *-ant* sont utilisées dans cette tirade ?**
2. **Sont-elles employées comme participe présent ou comme adjectif verbal ?**
3. **Cet usage des formes en *-ant* a-t-il tendance à insister sur la durée de l'action ou à accélérer son rythme ? Pourquoi ?**

MINI-LIENS
exercices interactifs :
minilienrobert.com/1F2019

20 Quelque et quel que, quoique et quoi que

OUTILS DE LANGUE Révision

Quelque et quel que

- Il ne faut pas confondre ***quelque*** avec ***quel(les) que* + verbe + sujet**.
Quelque peut être un déterminant indéfini : il est alors **suivi d'un nom avec lequel il s'accorde**.
- Au singulier, il signifie ***un certain*** ; au pluriel, il indique **une petite quantité**.
  Ex. : Quelque (une certaine) *paysanne m'a nourri.*
  Mon père donne quelques (un petit nombre de) *leçons.*
- *Quelque* peut être un **adverbe** : il est alors **suivi d'un adjectif** et on peut le remplacer par ***si***.
Dans ce cas, *quelque* est invariable. *Ex. : Quelque* (= si) *tristes que soient ces enfants.*
- ***Quel(les) que* + verbe + sujet** est **toujours suivi de *être*, soit seul au subjonctif** (*soit, soient, ait été*), **soit à l'infinitif précédé de *pouvoir, devoir, sembler*, etc.** (également au subjonctif).
Dans ce cas, ***quel* s'accorde avec le sujet du verbe**.
  Ex. : Quel que soit le sein que j'ai mordu. (Jules Vallès)
  Quelles que puissent être vos difficultés, persévérez.

Quoique et quoi que

- Il ne faut pas confondre ***quoique*** et ***quoi que***.
- Tous deux sont **invariables** et **suivis d'un verbe au subjonctif**, mais ils n'ont **pas le même sens**.
- ***Quoique*** est une **conjonction de subordination** qui signifie ***bien que***.
  Ex. : Quoique j'aie demandé pardon (bien que j'aie demandé pardon), *elle ne me parlait toujours pas.*
- ***Quoi que*** est un **pronom relatif**. Il a la fonction de **COD du verbe qui le suit** et il signifie ***quelle que soit la chose que***. *Ex. : Quoi que je fasse* (quelle que soit la chose que je faisais), *je la mettais en colère.*

ENTRAÎNEMENT

★ **1 Quelle est la classe grammaticale des mots qui suivent *quelque* et *quel que* ?**

Ai-je été nourri par ma mère ? Est-ce quelque (..................) paysanne qui m'a donné son lait ? Je n'en sais rien. Quel que (..................) soit le sein que j'ai mordu, je ne me rappelle pas une caresse du temps où j'étais tout petit. […] Mon père, le jour, donnait quelques (..................) leçons à dix sous l'heure. (d'après Jules Vallès)

★ **2 Lesquelles de ces phrases sont correctes ? Cochez les bonnes cases.**

1. a. Quelque contents que soient ces jeunes gens, ils ne devraient pas crier aussi fort. ☐
   b. Quelques contents que soient ces jeunes gens, ils ne devraient pas crier aussi fort. ☐
2. a. Quoi que l'on dise de moi, je m'en moque. ☐
   b. Quoique l'on dise de moi, je m'en moque. ☐

★★ **3 Parmi les deux formes proposées, entourez celle qui convient.**

1. *Quelque* / *Quelle que* soit ta décision, je te soutiendrai.
2. Nous resterons tes amis, *quel que* / *quelque* pénible que tu sois !
3. *Quoique* / *Quoi que* tu penses, je ne suis pas d'accord.
4. *Quoique* / *Quoi que* tu penses le contraire de moi, je ferai comme j'ai décidé.

★★ 4 Complétez ces phrases avec *quelque*, en l'accordant si nécessaire.

1. .... chose me déplaît chez lui.
2. .... intelligentes que tu les trouves, elles ne sont pas fiables.
3. N'hésite pas à venir avec .... amis.
4. Il les craint, ... aimables qu'ils soient.
5. .... minutes de réflexion lui suffiront pour trouver la bonne solution.

★★ 5 Complétez ces phrases avec *quoique* ou *quoi que*.

1. Où que j'aille, ... je fasse, je pense à ma région natale.
2. Je sais que tu n'en feras qu'à ta tête, ... j'en pense.
3. Dans mon enfance, ... j'aie été plutôt sage, je faisais de petites bêtises.
4. Ta mère te laissera partir à l'étranger, ... cela lui fasse mal au cœur.

★★★ 6 Complétez le texte avec *quoique, quoi que, quelque, quel que*. Accordez si nécessaire.

On connaît tous .... auteurs qui ont raconté leurs souvenirs. .... expérimentés qu'ils deviennent, ... soit leur maturité, les écrivains n'oublient jamais leur enfance, ... elle ait été parfois malheureuse. Ces souvenirs les suivent partout, ... ils fassent. Et, ... aient été leurs malheurs, ils se rappellent leur jeunesse avec nostalgie.

★★★ 7 Complétez les phrases avec *quoique, quoi que, quelque, quel que*. Accordez si nécessaire.

1. J'ai .... crainte à la voir partir.
2. .... heures plus tard, il revint tout affolé.
3. Emma avait posé sur la fenêtre .... fleurs du jardin.
4. Chaque fois que je les vois arriver, je m'attends à .... mauvaise nouvelle.
5. .... doué, ce violoniste n'arrive pas à devenir connu.
6. .... vous affirmiez, attendez-vous à être remis en doute.
7. Elle n'a jamais fait .... ce soit d'utile.
8. Il n'est jamais venu chez moi, ... je l'aie souvent invité.

VERS L'ANALYSE

[…] [L]es soirs où elle traînait son mari dîner dans le faubourg Saint-Germain, Swann, restant farouchement dans son coin, ne se gênait pas, s'il voyait Odette se faire présenter à quelque dame nationaliste, de dire à haute voix : « Mais voyons, Odette, vous êtes folle. Je vous prie de rester tranquille. Ce serait une platitude de votre part de vous faire présenter à des antisémites. Je vous le défends. » Les gens du monde après qui chacun court ne sont habitués ni à tant de fierté ni à tant de mauvaise éducation. Pour la première fois ils voyaient quelqu'un qui se croyait « plus » qu'eux. On se racontait ces grognements de Swann, et les cartes cornées pleuvaient chez Odette. »

Marcel Proust, *Sodome et Gomorrhe*, 1921-1922.

1. **Soulignez les occurrences de *quelque*.**
2. **En quoi ces termes permettent-ils à l'auteur de rendre son propos plus abstrait ?**

MINI-LIENS exercices interactifs : **minilienrobert.com/1F2020**

21 Les accords dans le groupe nominal

OUTILS DE LANGUE

Règle générale et cas particulier

- Les **adjectifs qualificatifs**
- Les **déterminants**
- Les **participes passés employés seuls comme adjectifs qualificatifs**

→ s'accordent en genre et en nombre avec le nom auquel ils se rapportent.
Ex. : Les premières journées ensoleillées.

• Lorsqu'un **adjectif** se rapporte à plusieurs noms ou pronoms de genres différents, il s'accorde au masculin pluriel. *Ex. : Elle et son père sont partis.*

• Certains termes s'accordent lorsqu'ils sont employés comme **déterminants**, mais ne s'accordent pas quand ils sont employés comme **adverbes** : *même, tout.*
*Ex. : Ils sont **tout** petits, **tous** ces chatons !*
*Ils sont **même** minuscules. Ces deux-là ont les **mêmes** yeux.*

Boîte à outils

Lorsqu'un mot garde la même forme au féminin et au masculin, on dit qu'il est épicène.
*Ex. : Elle est **pâle**. Il est **pâle**.*

Épithète liée et détachée ; attribut du sujet

• Lorsqu'un **adjectif** ou un **participe passé employé comme adjectif** :

– est à côté du nom qu'il qualifie, on dit qu'il est **épithète liée** ;
*Ex. : Une maison **peinte** à l'ocre **rouge**.*

– n'est pas à côté du nom qu'il qualifie, on dit qu'il est **détaché** ou **en position détachée** ;
*Ex. : Une maison magnifique, **peinte** à l'ocre.*

– est rattaché au nom qu'il qualifie par l'intermédiaire d'un **verbe d'état**, on dit qu'il est **attribut du sujet**.
*Ex. : Cette maison est **peinte** à l'ocre. Elle semble **traditionnelle**.*

Boîte à outils

Épithète, **détaché** ou **attribut**, l'adjectif et le participe passé employés comme adjectif **s'accordent en genre et en nombre avec le nom** auquel ils se rapportent.

→ n° 18 p. 40

ENTRAÎNEMENT

★ **1 Accordez correctement les épithètes liées dans le texte.**

C'est à Rome, durant les long......... repas officiel........., qu'il m'est arrivé de penser aux origines relativement récent......... de notre luxe, à ce peuple de fermiers économe......... et de soldats fruga........., repu......... d'ail et d'orge, subitement vautré......... par la conquête dans les cuisines de l'Asie, engloutissant ces nourritures compliqué......... avec une rusticité de paysans pris de fringale.

Marguerite Yourcenar, *Les Mémoires d'Hadrien*, 1951.

★★ **2 a. Accordez les adjectifs et les participes passés.**

1. Elles s'endorment tout de suite, parti......... pour un pays sans nom.
2. Illuminé......... par le soleil d'automne, les feuilles des arbres semblent une parure d'or rouge.
3. Les flots de la mer, blanc......... d'écume, fouettaient les rochers sous la tempête.

4. Angoissé………, elle est rentrée chez elle par une porte dérobée.

5. La mer, bruyant……… en ce matin d'hiver, s'étendait devant nous.

6. Constellé……… d'étoiles, les cieux resplendissaient.

b. Quelle fonction ont-ils ? ………………………………………………………………………………

★★★ **3 Dans les phrases suivantes, remplacez les mots soulignés par ceux entre parenthèses et accordez si nécessaire.**

1. Dans le matin (*soirée*) frais et charmant / maman étend du linge (*nappes*) blanc. (Pham Ho)

………………………………………………………………………………

………………………………………………………………………………

2. Nous étions à l'Étude, quand le Proviseur entra, suivi d'un nouveau (*nouvelle*) habillé en bourgeois et d'un garçon de classe qui portait un grand pupitre (*chaise*). (Gustave Flaubert)

………………………………………………………………………………

………………………………………………………………………………

3. Je fais souvent ce rêve (*rêverie*) étrange et pénétrant / D'une femme (*homme*) inconnue, et que j'aime, et qui m'aime. (Paul Verlaine)

………………………………………………………………………………

………………………………………………………………………………

4. Pour la planter, il prend un pot (*vasque*) de porcelaine / Orné de dragons (*chimères*) bleus et de bizarres fleurs. (Théophile Gautier)

………………………………………………………………………………

………………………………………………………………………………

★★★ **4 Insérez et accordez les déterminants dans les phrases suivantes.**

1. **Certain** → Il y a ……… silences qui vous attirent, vous fascinent […] (Georges Bernanos)

2. **Quelque** → Elle vit ……… danseuses, sous prétexte de se former. (Rétif de la Bretonne)

3. **Tout** → C'est ……… la question, ……… le problème ; c'est ……… la différence. Tu es malheureux ? Le bûcheron eut un sanglot, qui fut ……… sa réponse. (René Bazin)

4. **Tel** → Il nous expliqua comment, sans ……… mère, ……… maison eût prospéré, comment ……… fils avait ruiné son père, comment ……… père avait détruit l'avenir et la considération de ses enfants. (Honoré de Balzac)

VERS L'ANALYSE

Tout……… ces richesses antique………, dédaigné……… par les dames à la mode, ces merveilleux meubles d'ébène sculpté………, ces lustres à girandoles de cristal, dont les branchages dorés lançaient du sein des bougies rose……… des lis brillant……… ; ces horloges gothique………, chefs-d'œuvre de ciselure et d'émail ; ces paravents brodé……… de figures chinois………, ces énorme……… potiches du Japon, gonflé……… de fleurs rare……… ; ces dessus de porte en grisaille ou en couleurs de Boucher ou de Watteau, jetaient la nouvelle propriétaire dans d'indicible……… extases.

Alexandre Dumas, *Le Collier de la reine*, 1849-1850.

1. Accordez les mots soulignés.

2. Quelle est leur fonction ?

3. Les déterminants démonstratifs produisent-ils le même effet que les adjectifs qualificatifs ?

MINI-LIENS exercices interactifs : **minilienrobert.com/1F2021**

22 Les accords sujet-verbe

OUTILS DE LANGUE

L'accord du sujet et du verbe

• En français, l'ordre d'une phrase est : ***sujet + verbe + complément***.

Il arrive que le sujet soit placé :

– loin du verbe | *Ex. : Le chemin, boueux, long et difficile, **menait** à la maison.*

– ou après lui : on parle alors d'une **inversion de l'ordre sujet-verbe**. | *Ex. : **Plaît**-il ?*

• Dans tous les cas, le verbe s'accorde toujours en genre, en nombre et en personne avec son sujet.

Cas particuliers

• Après le pronom relatif *qui*, le verbe s'accorde en genre, en nombre et en personne avec l'antécédent du pronom.

*Ex. : Les garçons qui **s'avancent** n'ont pas l'air à leur aise.*

• Après certains mots comme *peu, la plupart, assez, beaucoup, on* (quand il est équivalent de *nous*) le verbe est au pluriel.

*Ex. : beaucoup de gens **sont venus***
*la plupart des invités **sont venus***
*assez de gens **sont venus***
*peu de gens **sont venus***

• En revanche, après les pronoms *on* (quand il est équivalent de *quelqu'un*), *chacun* et *plus d'un*, le verbe est au singulier.

*Ex. : on **vient*** | *chacun d'entre nous **est venu*** | *plus d'un des invités **est reparti content**.*

• Quand plusieurs sujets sont reliés par *ni* et *ou* et que l'action exprimée concerne un seul sujet, le verbe se met au singulier.

*Ex. : La voiture ou l'avion **sera** la solution privilégiée.*
*Ni lui ni elle **n'est** responsable de cette erreur.*

Si l'action concerne tous les sujets, le verbe se met au pluriel.

*Ex. : Ni lui ni moi ne **connaissons** cet auteur.*

L'accord du participe passé avec les verbes pronominaux

• Le participe passé conjugué avec l'auxiliaire *être* s'accorde avec le pronom personnel *me, te, se, nous, vous, se*.

– Quand le pronom personnel désigne le sujet, le participe passé s'accorde avec le sujet.

*Ex. : Elle **s'**est **couchée**.* Le pronom personnel *se* désigne le sujet *elle*, le participe passé *couché* s'accorde avec le sujet au féminin singulier → ***couchée***

– Quand le pronom personnel désigne l'objet, le participe passé s'accorde avec le COD.

*Ex. : Nous **nous** sommes **appelés**.* Le pronom personnel *nous* désigne le COD, le participe passé *appelé* s'accorde avec le COD au masculin pluriel → ***appelés***

Pour savoir si le pronom personnel (*me, te, se, nous, vous, se*) est **réfléchi** (désigne le sujet) ou **réciproque** (désigne l'objet), on ajoute « l'un l'autre » ou « les uns les autres » à la fin de la phrase.

*Ex. : Nous **nous** sommes vus.* → *Nous **nous** sommes vus les uns les autres.*
La phrase a du sens, *nous* désigne bien l'objet.

*Ex. : Je **me** suis levée.* → *Je **me** suis levée l'un l'autre.*
La phrase n'a pas de sens, *me* désigne donc le sujet.

ENTRAÎNEMENT

★ **1 Entourez la bonne réponse.**

1. Le vacarme des machines et celui des wagonnets nous **assourdissait / assourdissaient**.
2. L'artiste et le producteur du spectacle **salue / saluent** le public.
3. L'organisateur et producteur du spectacle **espère / espèrent** un grand succès.
4. Le transport aérien et le fret par camion **pollue / polluent** beaucoup.

★ **2 Accordez les verbes au présent en fonction du sujet en gras.**

1. Les **salles** de classe n'étant pas chauffées, elles lui (*paraître*) .... peu accueillantes.
2. À mesure que les **bruits** de la ville (*grandir*) ...., ils leur (*devenir*) .... vite pénible.
3. Les **choix** d'une orientation nous (*occuper*) .... une bonne partie de l'année.
4. Les **excès** de travail l'(*épuiser*) ....

★★ **3 Accordez les verbes au temps et mode indiqués.**

1. Mon frère, ma sœur et moi (*descendre* ; passé composé de l'ind.) .... pour saluer mon père.
2. Je plains les parents qui ne (*vouloir* ; présent de l'ind.) .... pas de fête de fin d'année.
3. (*Faire* ; impératif présent) .... ensemble ce qu'il faut pour ce projet !
4. Au vu des circonstances, la décision de continuer à manger autant de viande ou non (*appartenir* ; présent de l'ind.) .... à chacun.
5. Fromage ou dessert : l'un et l'autre me (*tenter* ; présent de l'ind.) .... bien.

★★★ **4 Accordez le participe passé et cochez la bonne case. Le pronom personnel en gras désigne :**

1. Je me suis (*souvenir*) .... de mon rendez-vous à temps. l'objet ☐ le sujet ☐
2. Nous nous sommes (*connaître*) .... tout petits. l'objet ☐ le sujet ☐
3. Ils se sont (*retrouver*) .... dans de beaux draps. l'objet ☐ le sujet ☐

VERS L'ANALYSE

Et pourquoi (*juger*) ....-vous leur nourriture détestable ? Y (*goûter*) ....-vous ? N'est-ce pas plutôt à eux de dire ce qui leur (*sembler*) .... bon ou moins bon ? Parce qu'une nourriture (*être*) .... différente de la nôtre, (*devoir*) ....-on la trouver répugnante ? Ils (*manger*) .... des œufs de fourmi, des tripes d'oiseau. Nous (*manger*) .... des tripes de porc ! Et des escargots ! [...] Le cardinal, qui n'(*interrompre*) .... pas le dominicain, (*sembler*) .... attentif à cette argumentation nouvelle, qui (*s'intéresser*) .... aux coutumes des peuples. Il (*faire*) .... remarquer qu'il (*s'agir*) .... là d'un terrain de discussion des plus délicats, où nous (*risquer*) .... d'être constamment ensorcelés par l'habitude, prise depuis l'enfance, que nous (*avoir*) .... de nos propres usages, lesquels nous (*sembler*) .... de ce fait très supérieurs aux usages des autres. Sauf quand il (*s'agir*) .... d'esclaves-nés, (*dire*) .... le philosophe. Car on (*voir*) .... bien que les Indiens (*vouloir*) .... presque aussitôt acquérir nos armes et nos vêtements.

Jean-Claude Carrière, *La Controverse de Valladolid*, 1922.

1. **Conjuguez dans le texte les verbes au présent ou au passé composé.**
2. **Relevez les passés composés du texte et montrez comment leur utilisation contribue à distinguer le temps du récit du présent de vérité générale.**

MINI-LIENS exercices interactifs : **minilienrobert.com/1F2022**

23 Les modes

OUTILS DE LANGUE

• Les **valeurs temporelles** d'un verbe sont les **nuances** que prend un verbe en fonction du temps auquel il est conjugué. Elles s'ajoutent aux valeurs données par le mode auquel ce verbe est conjugué.

Ex. : indicatif → *réalité* ; subjonctif → *virtualité*

• Elles changent pour un même temps en fonction des modes.

Ex. : présent de l'indicatif → réalité aujourd'hui
présent du subjonctif → virtualité qui peut devenir réalité demain
ou aurait pu être réelle aujourd'hui

L'indicatif

• Les verbes peuvent être placés sur une **flèche temporelle** en fonction de leur temps.

→ n° 24 p. 52

PLUS-QUE-PARFAIT *J'avais souhaité*		PRÉSENT *Je souhaite*	FUTUR *Je souhaiterai*
PASSÉ ANTÉRIEUR *J'eus souhaité*	PASSÉ SIMPLE *Je souhaitai*		
	IMPARFAIT *Je souhaitais*		

• Le présent de l'indicatif a plusieurs valeurs :
- **de narration** : il sert lorsqu'un récit est fait au présent. *Ex. : La princesse voit le prince.*
- **de discours** : c'est le temps que l'on utilise quand on parle. *Ex. : Je te demande le sel.*
- **historique** : il est utilisé quand on raconte un événement historique au présent.
Ex. : La guerre de Cent Ans éclate au XIV*e siècle.*
- **de vérité générale** : employé dans les proverbes, les jugements généraux… *Ex. : Qui dort dîne.*

Les autres modes

• **Pour les autres modes** (l'infinitif, l'impératif, le conditionnel, le subjonctif), les temps n'indiquent pas toujours une position dans une chronologie.
Ils indiquent une **manière de considérer l'action**. Celle-ci peut être :
- en train de se faire ou achevée ;
- avérée ou hypothétique.

ENTRAÎNEMENT

★ **1 Dans ce texte, soulignez les verbes conjugués et encadrez les verbes non conjugués. Donnez leur mode et leur temps.**

Pour aujourd'hui, j'arrête ici cette promenade à travers la souffrance et la faim d'un peuple. On aura senti du moins que la misère ici n'est pas une formule ni un thème de méditation. […] Encore une fois, qu'avons-nous fait pour elle et avons-nous le droit de nous détourner d'elle ?

Albert Camus, « Misère de la Kabylie », *Alger républicain*, 1938.

ÎNEMENT

★ **2 Identifiez les modes et les temps utilisés dans ces formes verbales.**

dansant → mode : .... temps : ....

chanter → mode : .... temps : ....

j'aimerais → mode : .... temps : ....

Viens ! → mode : .... temps : ....

★ **3 Parmi cette liste, soulignez les formes indiquant le temps passé, encadrez les formes indiquant le temps présent et entourez les formes indiquant le futur.**

je sors • nous avons suivi • tu reviendrais • ils avaient voulu • avoir chanté
promenant • lâchons ! • elles vinrent • qu'on veuille • vous saurez • douter

★★ **4 Sur une flèche, placez dans l'ordre chronologique les différents événements indiqués par les verbes conjugués de ce texte.**

Aujourd'hui encore, je m'étonne du peu que je sais sur [mon père]. Il a aimé, pourtant, il a voulu vivre, il s'est vu mourir ; cela suffit pour faire tout un homme. Mais de cet homme-là, personne, dans ma famille, n'a su me rendre curieux. Pendant plusieurs années, j'ai pu voir, au-dessus de mon lit, le portrait d'un petit officier aux yeux candides, au crâne rond et dégarni, avec de fortes moustaches : quand ma mère s'est remariée, le portrait a disparu. Plus tard, j'ai hérité de livres qui lui avaient appartenu.

Jean-Paul Sartre, *Les Mots*, 1964.

VERS L'ANALYSE

Elle songeait quelquefois que c'étaient là pourtant les plus beaux jours de sa vie, la lune de miel, comme on disait. Pour en goûter la douceur, il eût fallu, sans doute, s'en aller vers des pays à noms sonores où les lendemains de mariage ont de plus suaves paresses ! Dans des chaises de poste, sous des stores de soie bleue, on monte au pas des routes escarpées, écoutant la chanson du postillon, qui se répète dans la montagne avec les clochettes des chèvres et le bruit sourd de la cascade. Quand le soleil se couche, on respire au bord des golfes le parfum des citronniers ; puis, le soir, sur la terrasse des villas, seuls et les doigts confondus, on regarde les étoiles en faisant des projets. Il lui semblait que certains lieux sur la terre devaient produire du bonheur, comme une plante particulière au sol et qui pousse mal tout autre part.

Gustave Flaubert, *Madame Bovary*, 1857.

1. Soulignez dans le texte les formes verbales traduisant la nuance hypothétique.

2. Montrez comment l'utilisation de l'imparfait et du présent de l'indicatif est mise au service d'un passage de rêverie d'Emma Bovary.

MINI-LIENS
exercices interactifs :
minilienrobert.com/1F2023

24 Les valeurs aspectuelles des verbes

OUTILS DE LANGUE

Rappel

Verbe constitué d'**un seul mot**.
Ex. : Je vis.
→ Verbe constitué d'**un auxiliaire** et d'**un participe**.
Ex. : Tu avais vécu.

Les valeurs aspectuelles

- Les formes simples des verbes présentent l'action en train de se faire.
On parle d'**aspect inaccompli**.

- Les formes composées des verbes présentent cette action comme achevée.
On parle d'**aspect accompli**.

Formes simples	Formes composées
Indicatif : passé simple, imparfait, présent, futur **Conditionnel :** présent **Subjonctif :** imparfait, présent **Impératif :** présent **Infinitif :** présent	**Indicatif :** passé composé, passé antérieur, plus-que-parfait **Conditionnel :** passé **Subjonctif :** plus-que-parfait **Impératif :** passé **Infinitif :** passé
ASPECT INACCOMPLI (ou duratif)	**ASPECT ACCOMPLI**

ENTRAÎNEMENT

★ **1** **a. Dans le texte ci-dessous, identifiez par des couleurs différentes les forme simples et les formes composées des verbes.**
b. Encadrez les formes verbales dont l'aspect est inaccompli (ou duratif) et entourez celles dont l'aspect est accompli.

Il avait réussi peu à peu à maîtriser toutes ses manies stupides, il en avait même moins maintenant qu'il n'était normalement toléré ; il ne collectionnait même pas – ce que, au vu de tous, les gens normaux faisaient – les timbres-poste. Il ne s'arrêtait jamais au milieu de la rue pour regarder – comme autrefois, à la promenade, quand sa bonne, mais allons donc ! allons ! le tirait, – il passait vite et n'entravait jamais la circulation sur la chaussée ; il passait devant les objets, même les plus accueillants, même les plus animés, sans leur jeter un regard de connivence.

Nathalie Sarraute, *Tropismes*, 1939.

★ 2 **a. Dans le texte ci-dessous, identifiez par des couleurs différentes les formes simples et les formes composées des verbes.**
b. Encadrez les formes verbales dont l'aspect est inaccompli (ou duratif) et entourez celles dont l'aspect est accompli.

> J['']ai été [ton esclave], je le confesse à ta honte, mais va, je te le pardonne ; les hommes ne valent rien. [...] Tout en irait mieux dans le monde, si ceux qui te ressemblent recevaient la même leçon que toi. Adieu, mon ami ; je vais trouver mes camarades et tes maîtres.
>
> Marivaux, *L'Île des esclaves*, 1725.

★★ 3 **Transformez l'aspect verbal duratif des verbes des phrases suivantes en aspect accompli, et réciproquement.**

1. Le premier qui, ayant enclos un terrain, s'avisa de dire : Ceci est à moi, et trouva des gens assez simples pour le croire, fut le vrai fondateur de la société civile. (Jean-Jacques Rousseau)

→ ....

....

2. Le baron du Châtelet avait parlé la langue du monde à une femme du monde. Il s'était montré dans toute l'élégance d'une mise parisienne ; un joli cabriolet bien attelé l'avait amené. (Honoré de Balzac)

→ ....

....

3. Le comte de Belflor, un des plus grands seigneurs de la cour, était éperdument amoureux de la jeune Léonor de Cespèdes. Il n'avait pas dessein de l'épouser ; la fille d'un simple gentilhomme ne lui paraissait pas un parti assez considérable pour lui. Il ne se proposait que d'en faire une maîtresse. (Alain-René Lesage)

→ ....

....

....

VERS L'ANALYSE

> Moi d'abord la campagne, faut que je le dise tout de suite, j'ai jamais pu la sentir, je l'ai toujours trouvée triste, avec ses bourbiers qui n'en finissent pas, ses maisons où les gens n'y sont jamais et ses chemins qui ne vont nulle part. Mais quand on y ajoute la guerre en plus, c'est à pas y tenir. Le vent s'était levé, brutal, de chaque côté des talus, les peupliers mêlaient leurs rafales de feuilles aux petits bruits secs qui venaient de là-bas sur nous. Ces soldats inconnus nous rataient sans cesse, mais tout en nous entourant de mille morts, on s'en trouvait comme habillés. Je n'osais plus remuer.
>
> Louis-Ferdinand Céline, *Voyage au bout de la nuit*, 1932.

1. **Soulignez les verbes dont l'aspect est accompli, encadrez ceux dont l'aspect est inaccompli ou duratif.**

2. **Pourquoi les verbes dont l'aspect est inaccompli accompagnent-ils souvent un commentaire du narrateur ?**

MINI-LIENS exercices interactifs : minilienrobert.com/1F2024

25 Les valeurs modales des verbes

OUTILS DE LANGUE

Rappel

• Les verbes peuvent apparaître à des modes personnels ou impersonnels.
Aux modes personnels (indicatif, subjonctif, impératif, conditionnel), les verbes **varient en fonction de la personne**.
Aux modes impersonnels (infinitif, participe, gérondif) les verbes **ne varient pas en fonction de la personne**.

La valeur des modes personnels du verbe

À chacun des quatre modes personnels correspond **une manière de considérer l'action** désignée par le verbe.

INDICATIF	ce que l'énonciateur tient pour vrai	– actions qui sont réellement survenues – actions qui arrivent effectivement – actions qui vont très probablement se produire
SUBJONCTIF	le mode de l'irréel, du possible et du subjectif	– présent et imparfait : explore une virtualité présente ou future – passé et plus-que-parfait : une possibilité non réalisée = contrefactuel
IMPÉRATIF	modalité jussive ou injonctive	– marque un ordre ou un souhait – porte donc sur une action non encore advenue mais dont on souhaite provoquer ou empêcher la réalisation
CONDITIONNEL	marque l'hypothèse	– porte sur une possibilité présente ou future – OU marque une possibilité qui ne s'est pas réalisée – au présent = potentiel ou irréel du présent – au passé = contrefactuel

ENTRAÎNEMENT

★ **1** **a. Dans le texte, entourez les indicatifs, encadrez les subjonctifs et soulignez les conditionnels.**

[M]ême le dreyfusisme de Swann était utile à Odette. Livrée à elle-même, elle se fût peut-être laissé aller à faire aux femmes chics des avances qui l'eussent perdue. Tandis que les soirs où elle traînait son mari dîner dans le faubourg Saint-Germain, Swann, restant farouchement dans son coin, ne se gênait pas, s'il voyait Odette se faire présenter à quelque dame nationaliste, de dire à haute voix : « Mais voyons, Odette, vous êtes folle. Je vous prie de rester tranquille. Ce serait une platitude de votre part de vous faire présenter à des antisémites. Je vous le défends. »

Marcel Proust, *À la recherche du temps perdu*, 1921.

b. Dans le tableau, que vous reproduirez au brouillon, placez les verbes relevés dans le 1 a et indiquez quelle valeur a le mode employé dans chacun de ces cas.

Forme relevée	Mode et temps	Valeur modale du verbe

★★ 2 Relevez toutes les formes de conditionnel dans le texte ci-dessous, puis classez-les en fonction de leur valeur modale, en indiquant à quel temps et quelle personne elles sont conjuguées.

Justes, écoutez-moi ! Vous ne sauriez condamner cet homme, ce singe, ou ce perroquet, pour avoir dit que la lune était un monde d'où il venait ; car s'il est un homme, quand même il ne serait pas venu de la lune, puisque tout homme est libre, ne lui est-il pas libre de s'imaginer ce qu'il voudra ?

Cyrano de Bergerac, *L'Autre Monde ou les États et empires de la lune*, 1657.

Forme relevée	Temps et personne	Valeur modale du conditionnel
		Indiquer le futur dans le passé
		Indiquer l'hypothèse (potentiel, irréel du présent ou contrefactuel)

VERS L'ANALYSE

Sous le pont Mirabeau coule la Seine
Et nos amours
Faut-il qu'il m'en souvienne
La joie venait toujours après la peine

Vienne la nuit sonne l'heure
Les jours s'en vont je demeure

Les mains dans les mains restons face à face
Tandis que sous
Le pont de nos bras passe
Des éternels regards l'onde si lasse

Vienne la nuit sonne l'heure
Les jours s'en vont je demeure

Guillaume Apollinaire, « Le Pont Mirabeau »,
1912, *Alcools*, 1913.

1. Remplissez le tableau, reproduit au brouillon, avec les différents verbes du poème d'Apollinaire conjugués. Expliquez la valeur de ces modes.

Forme relevée	Mode et temps	Personne	Valeur modale du verbe

2. Dans « Vienne la nuit sonne l'heure », le subjonctif est employé de manière archaïque. Réécrivez la phrase en français d'aujourd'hui.

3. Quels sont les autres usages archaïques de la langue dans le poème ?

4. Quel effet ces archaïsmes provoquent-ils à la lecture ?

MINI-LIENS
exercices interactifs :
minilienrobert.com/1F2025

26 La phrase et son analyse

OUTILS DE LANGUE

Rappel

→ n° 12 p. 28 et n° 27 p. 58

- Une phrase peut être **simple** (une proposition) ou **complexe** (plusieurs propositions).
- Les propositions peuvent être **indépendantes**, **principales** ou **subordonnées**.
- Les propositions peuvent être **juxtaposées** ou **coordonnées**.

Cas particulier : la proposition infinitive

- Une **proposition infinitive** est construite autour d'un **verbe noyau à l'infinitif**. Elle peut être indépendante, principale ou subordonnée.
- Quand elle est **indépendante** :

– elle permet d'exprimer un conseil ou une interdiction. Son sujet n'est alors pas exprimé ;

Ex. : Ne pas courir. Mélanger délicatement.

– elle permet d'exprimer l'exclamation ou l'interrogation ;

Ex. : Où courir ? Où ne pas courir ? (Molière)

– elle peut être affirmative lorsque l'infinitif est de narration ou historique.

Ex. : Et tous de se lever.

- Quand elle est **subordonnée** :

– elle peut avoir un sujet différent de celui de la proposition principale ;

Ex. : Je vois les enfants courir vers moi.

→ « les enfants » est sujet de « courir », « Je » est sujet de « vois ».

– elle est le COD du verbe conjugué de la proposition principale ;

Ex. : Je vois les enfants courir vers moi.

– elle n'est pas introduite par une conjonction de subordination.

Boîte à outils

Il existe aussi des propositions incises, des propositions participiales, des propositions sans verbe.

L'analyse logique

Faire l'analyse logique d'une phrase, c'est identifier les différentes propositions qui la composent et étudier leurs relations pour comprendre l'architecture de la phrase et son sens.

Ex. : Je vois les enfants courir vers moi.

– « Je » est sujet de « vois », verbe conjugué de la proposition principale.
– « les enfants » est COD de « vois » et sujet de la proposition subordonnée infinitive « les enfants courir vers moi ».
– « courir » est le verbe de la proposition subordonnée infinitive.

ENTRAÎNEMENT

★ **1 Combien de phrases ce texte comporte-t-il ? Entourez la bonne réponse.** 3 4 5

« Selon lui, notre grand-père se meurt : mais selon moi, il en a pour longtemps encore. Ce n'est point homme à mourir si aisément. Mais désirons-nous sa mort ? » (George Sand)

★ **2 Combien de propositions cette phrase comporte-t-elle ? Entourez la bonne réponse.** 2 3

« Il a des goûts sérieux, mais il a aussi les goûts de son âge : les beaux chevaux, les riches habits, les armes étincelantes. » (George Sand)

★ **3 Soulignez les propositions infinitives dans ces phrases d'Alexis de Tocqueville.**

1. « Quand on fait remarquer ces choses aux hommes d'État, ils se bornent à vous répondre : Laissez faire le temps [...]. »

2. « Ajoutez que, pour mettre facilement à profit l'expérience du passé, il faut que la démocratie soit déjà parvenue à un certain degré de civilisation et de lumières. »

3. « Il faudrait employer la force pour les contraindre à vivre. »

★★ **4 Transformez les couples de phrases indépendantes suivants en phrases comprenant une principale et une subordonnée.**

1. C'est un trou de verdure. Dans ce trou chante une rivière.

....

2. Vingt ans n'est pas le plus bel âge de la vie. Je ne laisserai jamais personne le dire.

....

3. Gavroche était joyeux. Gavroche était libre. ....

★★ **5 Analysez les phrases de Romain Gary.**

1. « Mais il fallait payer [...] une somme qui dépassait nos moyens. » ....

2. « Elle écrasa sa cigarette dans une soucoupe et saisit sa canne et son manteau. » ....

3. « Mais les personnalités distinguées que nous avions devant nous étaient trop étonnées pour songer à mes talents sportifs. » ....

★★ **6 a. Entourez les conjonctions de coordination et les conjonctions de subordination dans ce texte.**
b. Combien de propositions comporte-t-il ? indépendantes : .... principales : .... subordonnées : ....

Le même genre de félicité que m'avaient donné les dalles inégales m'envahit ; les sensations étaient de grande chaleur encore mais toutes différentes, mêlées d'une odeur de fumée apaisée par la fraîche odeur d'un cadre forestier ; et je reconnus que ce qui me paraissait si agréable était la même rangée d'arbres que j'avais trouvée ennuyeuse à observer et à décrire, et devant laquelle, débouchant la canette de bière que j'avais dans le wagon, je venais de croire un instant, dans une sorte d'étourdissement, que je me trouvais, tant le bruit identique de la cuiller contre l'assiette m'avait donné, avant que j'eusse eu le temps de me ressaisir, l'illusion du bruit du marteau d'un employé qui avait arrangé quelque chose à une roue de train pendant que nous étions arrêtés devant ce petit bois.

Marcel Proust, *Le Temps retrouvé*, 1927.

VERS L'ANALYSE

C'est parce que je crois à l'évolution perpétuelle de l'humanité et à ses formes incessantes, que je hais tous les cadres où on veut la fourrer de vive force, toutes les formalités dont on la définit, tous les plans que l'on rêve pour elle. La démocratie n'est pas plus son dernier mot que l'esclavage ne l'a été, que la féodalité ne l'a été, que la monarchie ne l'a été. L'horizon perçu par les yeux humains n'est jamais le rivage, parce qu'au-delà de cet horizon, il y en a un autre, et toujours.

Gustave Flaubert, *Correspondance*.

1. **Encadrez les verbes et délimitez les propositions principales par des crochets.**

2. **Soulignez d'une couleur les propositions subordonnées relatives, d'une autre les circonstancielles.**

3. **Expliquez l'effet produit par les relatives.**

MINI-LIENS exercices interactifs : **minilienrobert.com/1F2026**

27 Les propositions subordonnées relatives

OUTILS DE LANGUE

Qu'est-ce qu'une proposition relative ?

• La proposition subordonnée relative est une **expansion du nom** : elle apporte des **informations supplémentaires** sur un nom ou sur un pronom, qu'on appelle l'**antécédent**, et elle a pour fonction de le compléter (elle peut être **épithète** ou **apposition**).

Ex. : Cette fille ***que*** *j'ai vue hier est ta sœur. Celle* ***qui*** *était avec elle est ta cousine.*
(*Cette fille* : antécédent nom ; *Celle* : antécédent pronom)

• La proposition subordonnée relative peut être supprimée sans que la phrase devienne grammaticalement incorrecte.

Ex. : Cette fille [que j'ai vue hier] est ta sœur. → Proposition principale = *Cette fille est ta sœur.*

Le pronom relatif

• La proposition subordonnée relative est introduite par un **pronom relatif**. Il existe des **pronoms relatifs simples** (*qui, que, dont, où*) et des **pronoms relatifs composés** (*lequel, duquel, de laquelle, auquel*, etc.).

• **Le cas particulier du pronom relatif simple *quoi***
Ce pronom relatif est toujours précédé d'une préposition (*pour, à, après, de, sans*, etc. + *quoi*)

Ex. : J'ai besoin de quelque chose après quoi courir.

• **Les fonctions du pronom relatif dans la subordonnée**

Sujet		*qui*
COD		*que*
COI	de + relatif	*de qui, de quoi, dont, duquel, de laquelle, desquelles*
	à + relatif	*à qui, à quoi, auquel, à laquelle, auxquel(le)s*
Complément circonstanciel	lieu	*où, par, à travers, dans, sur, sous*, etc. + *le(s)quels / laquelle*
	cause, conséquence, manière, concession, etc.	*pour, avec, sans*, etc. + *qui / le(s)quel(le.s) / laquelle*

Les propositions relatives substantives

Si l'antécédent de la proposition subordonnée relative n'est pas exprimé, on parle de **proposition relative substantive**. Ces propositions sont introduites par les pronoms relatifs *qui, quoi, où, quiconque* ; elles sont l'équivalent d'un nom et en remplissent la fonction dans la phrase.

Ex. : Qui dort dîne. (= La personne qui dort dîne.) → *Qui dort* est sujet du verbe *dîne*.

Ex. : Quiconque a un peu de jugement comprendra ce qui se passe. → *quiconque* est sujet du verbe *comprendra*.

Boîte à outils

Tous les pronoms relatifs ont aussi pour rôle d'introduire la proposition subordonnée relative.

Le sens des relatives

Les subordonnées relatives ont parfois une **nuance circonstancielle**. Elles peuvent alors être séparées de leur antécédent par une **virgule**. → n° 13 p. 30, n° 14 p. 32, n° 15 p. 34, n° 16 p. 38 et n° 30 p. 64

ENTRAÎNEMENT

★ 1 Complétez les phrases avec le pronom relatif approprié.

1. Je sais bien ce que tu penses de moi.
2. Ceux qui le veulent prendront le train.
3. Ce que j'aime, c'est que tu es franc.
4. Je m'adresse à tous ceux qu' on fait souffrir.
5. Je t'envoie tout ce dont tu as besoin.
6. C'est ce que tu vois que tu crois.
7. Ce sont ceux que je voulais croire.
8. Ceux que j'aime me manquent.

★ 2 Complétez les phrases suivantes avec *dont* ou *que*.

1. C'est ce dont tu parles.
2. La chaise que j'ai cassée a été jetée.
3. Cette personne, dont j'aime bien la voix, parle trop fort.
4. J'ai mis en ligne la chanson que j'ai enregistrée.

★★ 3 Mettez les propositions subordonnées relatives entre crochets et notez leur fonction.

1. « Dès l'arrivée de Mme Derville, il sembla à Julien qu'elle était son amie ; il se hâta de lui montrer le point de vue [que l'on a à l'extrémité de la nouvelle allée sous les grands noyers.] » (Stendhal)
2. « J'entendis alors la voix de mon père, [que je ne pouvais pas voir], car il devait être sous la barre : – J'étais à bonne portée, et je crois bien que j'en ai touché une ! » (Marcel Pagnol)
3. « Je pense donc que vous savez qui nous sommes. Quand nos pères, irrités contre la cruauté de leurs maîtres, quittèrent la Grèce et vinrent s'établir ici, [...] la première loi qu'ils y firent fut d'ôter la vie à tous les maîtres que le hasard ou le naufrage conduirait dans leur île. » (Marivaux)

★★★ 4 Soulignez le pronom relatif et indiquez sa fonction dans la subordonnée relative.

1. Qui veut voyager loin ménage sa monture. ....
2. On est puni par quoi on a péché. ....
3. Qui aime bien châtie bien. ....
4. Que veut le roi, la loi le veut. ....
5. Quiconque nous comprend est comme un ami. ....

VERS L'ANALYSE

Mais voici ce que j'apprends en entrant ici, et qui fait que je ne sais plus ce que je vous mande[1] : c'est qu'enfin Vatel, le grand Vatel, maître d'hôtel de M. Fouquet, qui l'était présentement de M. le Prince, cet homme d'une capacité distinguée de toutes les autres, dont la bonne tête était capable de contenir tout le soin d'un État ; cet homme donc que je connaissais, voyant que ce matin à huit heures la marée n'était pas arrivée, n'a pu soutenir l'affront dont il a cru qu'il était accablé, et, en un mot, il s'est poignardé. Vous pouvez penser l'horrible désordre qu'un si terrible accident a causé dans cette fête. »

Madame de Sévigné, *Lettre du 24 avril 1671*.

1. Mande : écris.

1. Mettez les propositions subordonnées relatives entre crochets.
2. Pour chaque subordonnée, entourez le pronom relatif et encadrez l'antécédent.
3. Soulignez les intensifs (*si*, *très*) et les répétitions.
4. Dans la lettre de Madame de Sévigné, comment les propositions subordonnées relatives construisent-elles du suspens et de la surprise ? Rédigez au brouillon un paragraphe argumenté en vous appuyant sur les différents éléments de réponses obtenus aux questions 1, 2 et 3.

MINI-LIENS exercices interactifs : minilienrobert.com/1F2027

28 Les relations lexicales

OUTILS DE LANGUE

Les synonymes

- Les synonymes sont des mots de **même sens** et de **même classe grammaticale**.
- On distingue :

– les **synonymes exacts** (ex. : *similaire, semblable*). Ils sont rares, sinon il n'y aurait pas deux mots différents !
– les **synonymes partiels**. Ils servent le plus souvent à :
  - distinguer des nuances d'intensité *Ex. : inquiet, terrorisé* ;
  - différencier des valeurs péjorative ou méliorative d'une même idée *Ex. : souple, laxiste* ;
  - marquer le passage d'un niveau de langue à un autre *Ex. : joyeux, jovial.*

Les antonymes

- Les antonymes sont des mots de **sens contraire** et de **même classe grammaticale**.
- Deux antonymes peuvent être formés **sur le même radical** par l'**ajout** ou le **changement** d'un préfixe.
  Ex. : heureux / malheureux ; bienvenu / malvenu.
- Ils peuvent aussi être entièrement différents. *Ex. : jeune / vieux.*

Les homonymes, homophones et homographes

- Les homonymes sont des mots qui ont la **même prononciation** et/ou la **même écriture** mais des **sens différents**. Ils peuvent être :

– **homophones** → ils ont la même prononciation et des sens différents *Ex. : selle / sel* *ère / aire*

– **homographes** → ils ont la même graphie et des sens différents ; ils peuvent ou non se prononcer de façons différentes.
  Ex. : Mes fils ont cassé les fils. (→ *fils* pour « les enfants » ou pour « des lanières »)

> **Boîte à outils**
> Certains homonymes ont à la fois la même prononciation et la même graphie.
> *Ex. : cour → de récréation, du roi, de justice*

La polysémie et la syllepse de sens

- Quand **un mot a plusieurs sens**, on parle de **polysémie**.
  Ex. : le *lit* peut désigner le meuble où l'on dort mais aussi l'endroit où coule une rivière.
- Quand, dans une phrase, un mot peut être compris **au sens propre et au sens figuré**, on dit qu'il y a une **syllepse de sens**.
  Ex. : Tu me fends le cœur. (Marcel Pagnol, *César*)
  → *cœur* a le sens figuré des émotions et aussi le sens propre de carte à jouer portant un dessin de cœur. On utilise cette expression pour couper en jouant à la belote, au tarot, etc.

Le champ sémantique, l'hyperonyme et les hyponymes

- Un **champ sémantique** est l'ensemble des sens que peut avoir un mot.
  Ex. : fraise peut être le fruit, l'instrument dentaire ou la partie du costume (le col) des hommes du XVIe siècle.
- Un **champ lexical** est **l'ensemble des mots qui, dans un texte, renvoient au même thème, au même sujet**. *Ex. : malheur, heureux, heureusement, malheureux, bonheur*
- Un **hyperonyme** a un sens général et englobe un ou plusieurs mots ; ceux-ci appartiennent à son champ lexical et sont ses **hyponymes**.
  Ex. : vêtement est l'hyperonyme de *pantalon, veste, chemise ; pantalon* est un hyponyme de *vêtement ; jean* est un hyponyme de *pantalon. Vêtement, pantalon, veste, chemise* appartiennent au champ lexical de l'habillement.

ENTRAÎNEMENT

1 Entourez pour chaque mot son synonyme d'une couleur, puis son antonyme d'une autre couleur.

1. **Attentif** — aimable • concentré • idiot • ordinaire • subtil
distrait • grossier • indifférent • intelligent • rare

2. **Banal** — aimable • concentré • idiot • ordinaire • subtil
distrait • grossier • indifférent • intelligent • rare

3. **Fin** — aimable • concentré • idiot • ordinaire • subtil
distrait • grossier • indifférent • intelligent • rare

4. **Niais** — aimable • concentré • idiot • ordinaire • subtil
distrait • grossier • indifférent • intelligent • rare

5. **Prévenant** — aimable • concentré • idiot • ordinaire • subtil
distrait • grossier • indifférent • intelligent • rare

2 Attribuez à chaque mot ses synonymes.

a. enthousiasme
b. terreur
c. bonheur
d. plaisir
e. quiétude
f. ébahissement
g. inquiétude
h. tranquillité
i. sérénité
j. stupéfaction
k. étonnement
l. anxiété

surprise
joie
calme
crainte

VERS L'ANALYSE

Et la mer et l'amour ont l'amer en partage,
Et la mer est amère, et l'amour est amer,
L'on s'abîme en l'amour aussi bien qu'en la mer,
Car la mer et l'amour ne sont point sans orage.

Pierre de Marbeuf, *Recueil de vers*, 1628.

1. **Soulignez les mots ou groupes de mots homophones dans ce texte de Marbeuf.**
2. **Quels sont les deux principaux champs lexicaux du passage ?**
a. .... b. ....
3. **Relevez les termes qui appartiennent à ces champs lexicaux, en indiquant lequel est l'hyperonyme et lesquels sont les hyponymes.**
a. Hyperonyme : .... Hyponymes : ....
b. Hyperonyme : .... Hyponymes : ....
4. **En quoi l'emploi de champs lexicaux et d'hyponymie donne-t-il à cette strophe de Marbeuf l'aspect d'un chant ?**

MINI-LIENS exercices interactifs : minilienrobert.com/1F2028

29 L'origine et la formation de la langue

OUTILS DE LANGUE

Origine et formation du français

- Le français fait partie des langues **issues du latin**, qu'on appelle les **langues romanes** (telles le roumain, l'italien, l'espagnol, le portugais, etc.).

- **Les états du français**

LATIN	ANCIEN FRANÇAIS	MOYEN FRANÇAIS	FRANÇAIS DE LA RENAISSANCE	FRANÇAIS CLASSIQUE	FRANÇAIS MODERNE
ANTIQUITÉ	XIe – XIIIe s.	XIVe – XVe s.	XVIe s.	XVIIe – XVIIIe s.	AUJOURD'HUI

La constitution du lexique français

- Le lexique français est constitué de **mots venus d'horizons différents**.

- Il **subsiste** quelques mots issus :

– du **gaulois** : *Ex. : auvent, braie, charrue, dru*

– du **francique** : *Ex. : falaise, gâcher, garder, guêpe, héberger, mousse, soupe*

> **Boîte à outils**
> Les mots issus d'une même racine forment une **famille de mots**.
> → n° 28 p. 60

- Au cours du temps, des mots sont empruntés à d'autres langues :

– **l'italien** : *Ex. : spaghetti, courtisan, villa, intrigue*

– **l'espagnol** : *Ex. : azimut, canari, maïs, matamore, mesquin, moustique*

– **l'occitan** : *Ex. : auberge, bagarre, bosquet, brousse, campagne, patraque*

– **l'arabe** : *Ex. : abricot, alcool, bougie, chiffre, tarif, toubib*

– **l'anglais** : *Ex. : budget, dandy, handicap, locomotive, parking, tunnel*

– **l'allemand** : *Ex. : cravache, ersatz, képi, valse, vasistas*

– **le breton** : *Ex. : baragouiner, bijou, cohue*

- De nouveaux mots sont aussi créés. On les appelle des **néologismes**.

– **Il se crée de nouveaux mots à partir de racines grecques et latines**, en particulier pour désigner de nouvelles réalités techniques ou scientifiques.

Ex. : hydraulique : hydro = eau, likos = tuyau

– **D'autres mots sont crées par dérivation**, c'est-à-dire en ajoutant des affixes (préfixe ou suffixe) à un radical :

- Le **préfixe** modifie le sens du mot mais pas sa classe grammaticale.

Ex. : heureux, adjectif → *malheureux,* adjectif

- Le **suffixe** permet de transformer la classe grammaticale du mot.

Ex. : malheur, substantif → *malheureux,* adjectif

- Au même radical peuvent parfois s'ajouter **un préfixe et un suffixe**.

Ex. : mal + heur + eux = malheureux

- Certains préfixes sont empruntés au grec (*hyper, méga, télé, pseudo, auto, néo*).

Ex. : pseudo + nyme → pseudonyme

– **On peut aussi former des mots par composition**, c'est-à-dire à partir de **deux mots racines**.

Ex. : tourne disque, chauffe plat

ENTRAÎNEMENT

★ **1** **Associez chaque mot français au mot latin dont il est issu.**

connaître — discorde — âne — nature — empereur

asinum — *cognoscere* — *natura* — *imperatorem* — *discordiam*

★ **2** a. **Reliez les mots suivants empruntés au grec à leur définition.**

philanthrope •	• qui aime l'étude
anthropophage •	• qui aime les êtres humains
philologue •	• qui mange les êtres humains

b. **Entourez en rouge la partie signifiant « qui aime », en bleu celle signifiant « les êtres humains », en vert celle signifiant « qui mange », en noir celle signifiant « l'étude ».**

c. **Donnez le sens du mot *anthropologue*.** ....

★★★ **3** a. **Soulignez les mots dont l'orthographe a changé et écrivez-les en français moderne.**

Anne (par jeu) me jecta de la neige,
Que je cuidoys froide certainement :
Mais c'estoit feu, l'experience en ay je,
Car embrasé je fuz soubdainement.
Puis que le feu loge secretement
Dedans la neige, ou trouveray je place
Pour n'ardre poinct ? Anne, ta seule grace
Estaindre peult le feu que je sens bien,
Non poinct par eau, par neige, ne par glace,
Mais par sentir un feu pareil au mien.

Clément Marot, *Épigrammes*, LI, 1538.

b. **Y a-t-il des accents dans le texte ? Quelles lettres du texte, disparues de l'orthographe en français moderne, sont désormais remplacées par des accents ?**

....
....
....

c. **Comment ont évolué en français moderne les lettres *oi* ou *oy* dans *estoit* ou *cuidoys* ?**

....

VERS L'ANALYSE

A Un jour vers midi [à Paris], sur la plate-forme arrière d'un autobus à peu près complet [...], j'aperçus un personnage au cou fort long qui portait un feutre mou entouré d'un galon tressé [...]. Cet individu interpella tout à coup son voisin en prétendant que celui-ci faisait exprès de lui marcher sur les pieds [...].

B Je plate-d'autobus-formaisco-foultitudinaire-ment dans un espace-temps lutécio-méridiennal et voisinais avec un longicol tresseautourduchapeauté morveux. Lequel dit à un quelconquanonyme : « Vous me bousculapparaissez. »

Raymond Queneau, « Récit » et « Composition de mots », *Exercices de style*, 1947.

Quel effet produit la transformation de certains mots du texte A en mots composés dans le texte B ?

MINI-LIENS exercices interactifs : minilienrobert.com/1F2029

30 Les propositions subordonnées utilisées comme complément circonstanciel

OUTILS DE LANGUE

Rappels

→ n° 13 p. 30, 14 p. 32, 15 p. 34, 16 p. 36

- **Les propositions subordonnées peuvent être utilisées comme complément circonstanciel** pour exprimer la cause, la conséquence, le but, la crainte, l'opposition, la concession, la condition et la comparaison.
- **Les subordonnées circonstancielles sont introduites par des conjonctions de subordination.**
- La subordonnée de **cause** est introduite par :
– ***parce que*, *comme*, *puisque*, *vu que*, *étant donné que* + indicatif** ;
– ***soit que*, *non que* + subjonctif**.
- La subordonnée de **conséquence** est introduite par : ***de sorte que*, *si bien que*, *tellement... que*, *si... que* + indicatif**. Si on envisage la **conséquence comme une hypothèse**, on emploie le **subjonctif** : ***assez... pour que*, *trop... pour que* + subjonctif**.
- La subordonnée de **but** est introduite par : ***pour que*, *afin que* + subjonctif**.
- La subordonnée de **crainte** est introduite par : ***de peur que*, *de crainte que* + subjonctif**.
- La subordonnée d'**opposition** est introduite par : ***tandis que*, *alors que* + indicatif**.
- La subordonnée de **concession** est introduite par :
– ***même si* + indicatif** ;
– ***bien que*, *quoique*, *quelque... que*, *tout... que*, *si ...que*, *sans que* + subjonctif** ;
– ***quand bien même* + conditionnel**.
- La subordonnée de **condition** est introduite par :
– ***à condition que*, *pourvu que*, *pour peu que*, *que... que* + subjonctif** ;
– ***au cas où*, *quand (bien) même* + conditionnel**.

Après ***si***, les temps et les modes utilisés dans la proposition principale et dans la subordonnée nous renseignent sur la nature de la condition ou de l'hypothèse : est-elle probable ou non ?
– ***Si* + présent → verbe de la principale au futur de l'indicatif →** la conséquence est éventuelle, très probable.
– ***Si* + imparfait → verbe de la principale au conditionnel présent →** la conséquence est possible dans le futur, c'est-à-dire potentielle, ou est impossible dans le présent : on parle d'**irréel du présent**.
– ***Si* + plus-que-parfait → verbe de la principale au conditionnel passé →** la conséquence était impossible dans le passé : on parle d'**irréel du passé**.

La comparaison

- Pour exprimer la **ressemblance**, la subordonnée circonstancielle de **comparaison** est introduite par : ***comme*, *de même que*, *tel... que*, *aussi... que*, *autant... que*, *moins... que*, *trop... que* + indicatif ou conditionnel** ; **le conditionnel est utilisé si la comparaison est hypothétique**.

  Ex. : J'aime ce film autant que j'apprécie sa suite. J'apprécie ce film autant que j'apprécierais les épinards (cela suppose que le locuteur n'aime pas les épinards).

- Pour exprimer la **différence**, la subordonnée circonstancielle de **comparaison** est introduite par : ***plus... que*, *moins... que*, *autrement... que* + indicatif ou conditionnel (si la comparaison est hypothétique)**.

  Ex. : J'aime plus le chocolat que (je n'aime) les gâteaux.
  J'aimerais moins visiter la Chine que (je n'aimerais visiter) le Japon.

- Pour exprimer une **comparaison hypothétique**, on utilise comme ***si* + indicatif imparfait ou indicatif plus-que-parfait**.

  Ex. : Je ferai comme si je ne voyais rien. Je ferai comme si je n'avais rien vu.

NTRAÎNEMENT

★ **1 Soulignez la cause d'une couleur, la conséquence d'une autre.**

1. Les tableaux de Renoir ont atteint une valeur trop élevée pour qu'on puisse les évaluer.
2. Puisqu'Harpagon se montre trop avare, ses enfants ont raison de le berner.
3. Ma sœur s'arrêta de jouer : elle était trop émue.

★ **2 Ces phrases expriment-elles une opposition ? Entourez la bonne réponse.**

1. Il attend mais sans s'impatienter.	Oui	Non
2. Il s'impatiente bien qu'il attende depuis peu.	Oui	Non
3. Il s'impatiente quand il attend trop.	Oui	Non

★ **3 À partir des éléments donnés et de la conjonction, construisez une subordonnée circonstancielle.**

1. Arrivé en retard / pas été autorisé à entrer en cours (*puisque*)

....

2. Tu passes devant la boulangerie / tu achèteras une baguette (*au cas où*)

....

3. Les soldats n'ont pas allumé de feu / ils ont eu peur d'être repérés par les ennemis (*de peur que*)

....

4. Elle a arrosé la plante / La plante en est morte (*tellement que*)

....

★★ **4 Accordez le verbe selon le mode qui convient (plusieurs temps sont parfois possibles). Soulignez lorsqu'il s'agit du subjonctif.**

1. Puisque la pauvre Françoise m'(*attendre*) ...., je vais lui demander de dégrafer mon corsage pendant que tu (*aller*) .... te déshabiller. (M. Proust)

2. Je chante ici pour que tu (*chanter*) .... pour que tu (*danser*) .... / Pour que tu (*jouer*) .... avec l'amour / Pour que tes mains (*fleurir*) .... comme des roses (G. Apollinaire)

3. Car bien souvent, pour que nous (*découvrir*) .... que nous sommes amoureux, peut-être même pour que nous le (*devenir*) ...., il faut qu'arrive le jour de la séparation. (M. Proust)

ERS L'ANALYSE

FIGARO – Parce que vous êtes un grand seigneur, vous vous croyez un grand génie ! ... Noblesse, fortune, un rang, des places, tout cela rend si fier ! Qu'avez-vous fait pour tant de biens ? Vous vous êtes donné la peine de naître, et rien de plus. Du reste, homme assez ordinaire ! tandis que moi, morbleu ! perdu dans la foule obscure, il m'a fallu déployer plus de science et de calculs, pour subsister seulement, qu'on n'en a mis depuis cent ans à gouverner toutes les Espagnes : et vous voulez jouter...

Beaumarchais, *Le Mariage de Figaro*, V, 3, 1784.

1. **À quel endroit de ce texte une comparaison est-elle exprimée ? Souligner le passage.**
2. **Surlignez les circonstancielles dans ce texte et indiquez si elles sont de comparaison, de cause ou de but.**
3. **Qu'apportent-elles à l'argumentation de Figaro ?**

MINI-LIENS
exercices interactifs :
minilienrobert.com/1F2030

31 La négation

OUTILS DE LANGUE

La négation totale et partielle

La négation consiste à **nier la valeur de vérité d'un propos**. Elle peut être :
- **totale** ⇢ elle nie l'ensemble de la proposition. *Ex. : Mes élèves ne sont pas là.*
- **partielle** ⇢ elle nie seulement un des éléments de la proposition (sujet ou complément).
  Ex. : Mes élèves ne sont pas là aujourd'hui.

Les mots de la négation

La négation peut être introduite par :
- **un seul élément** (ne, non, ni) *Ex. : Je doute qu'il ne vienne. Non mais ! Ce n'est pas ton livre ni le sien.*
- **deux éléments** :

La négation à deux éléments

Premier élément	Deuxième élément	Sens de la négation
adverbe ***ne***	+ adverbes ***pas, point, plus, toujours, jamais, nullement, nulle part, pas non plus***, etc.	**Négation portée à son terme** *Ex. : Il ne vient pas. Il ne vient jamais. Rien ne va plus.*
	+ pronoms ***rien, personne, nul(le)***	
	+ déterminant ***nul(le)***	
	+ conjonction ***que***	**Négation exceptive** Tous les éléments sont niés, excepté celui qui suit *que*. *Ex. : Elle ne pense qu'à lui.*
	+ adverbe ***guère***, locution adverbiale ***pas vraiment***	**Négation restreinte** Le propos est restreint à une quantité minimale. *Ex. : Il ne vaut guère plus.*

Particularités d'emploi de la négation

- Dans un **niveau de langue familier**, l'adverbe *ne* est souvent omis. *Ex. : Je le vois pas.*
- La phrase négative peut être à la forme interrogative. On parle d'**interronégation**.
  Ex. : Ne le vois-tu pas ?

Boîte à outils ***Ne* explétif**

Après certains verbes (*douter, craindre*...) **et certaines conjonctions de subordination** (*de peur que, de crainte que, à moins que, avant que*), *ne* peut apparaître seul sans réelle valeur négative. Il est alors **facultatif**.
Ex. : Je doute que tu ne sois malade.
= Je doute que tu sois malade.
À moins que tu n'agisses.
= À moins que tu agisses.

Le lexique exprimant la négation

Il existe des **outils lexicaux** pour nier la valeur de vérité d'un propos :
- les adverbes négatifs ***non* ou *pas* + substantif, pronom, adjectif ou adverbe**. *Ex. : non actif, pas ici*
- les **antonymes** → n° 28 p. 60
- certains **préfixes** permettent de former des mots de sens négatif, antonymes du mot de sens positif : ***in-*** ou ***im-*** (*invariable, impossible*), ***il-*** (*illisible*), ***ir-*** (*irréel*), ***mal-*** (*malhabile*), ***dé-*** ou ***dés-*** (*défaire, déséquilibrer*), ***mé-*** ou ***més-*** (*médire, mésestime*), ***a-*** ou ***an-*** (*anormal, anhistorique*)
- la préposition ***sans*** *Ex. : Nous avons joué sans toi.*
- la locution conjonctive ***sans que* + subjonctif** *Ex. : Nous avons joué sans qu'il y prenne part.*
- la conjonction de coordination ***ni*** *Ex. : Je n'aime pas les glaces ni les gaufres.*

NTRAÎNEMENT

★ 1 Récrivez ces phrases à la forme négative. Les négations sont-elles partielles ou totales ?

1. Le témoignage d'Alleg achève de dissiper nos illusions.

....

2. Le témoignage d'Alleg achève aujourd'hui de dissiper nos illusions.

....

★ 2 Dans le texte ci-dessous, soulignez les négations totales.

« Le témoignage d'Alleg, en effet, – c'est peut-être son plus grand mérite – achève de dissiper nos illusions : non, il ne suffit pas de punir ou de rééduquer quelques individus ; non, on n'humanisera pas la guerre d'Algérie. » (Jean-Paul Sartre)

★ 3 a. Reliez les phrases à leur sens.

1. Je crains qu'il vienne. •	
2. Je crains qu'il ne vienne pas. •	
3. Je crains qu'il ne vienne. •	• Je ne souhaite pas qu'il vienne.
4. Je ne crains pas qu'il vienne. •	• Je souhaite qu'il vienne.
5. Je ne souhaite pas qu'il ne vienne pas. •	
6. Je souhaite qu'il ne vienne pas. •	

b. Quelle phrase contient une négation explétive ? ....

★★ 4 a. Entourez tous les outils de négation dans le texte ci-dessous.

Ce n'était ni la veille, ni le lendemain, mais le jour même. Ce n'était ni la gare du Nord, ni la gare de Lyon, mais la gare Saint-Lazare. Ce n'était ni un parent, ni un inconnu, mais un ami. Ce n'était ni une injure, ni une moquerie, mais un conseil vestimentaire. » (Raymond Queneau)

b. Quelle construction syntaxique revient à chaque phrase ? ....

ERS L'ANALYSE

Ne me contraignez point, lui dit-elle, à vous avouer une chose que je n'ai pas la force de vous avouer, quoique j'en aie eu plusieurs fois le dessein. Songez seulement que la prudence ne veut pas qu'une femme de mon âge, et maîtresse de sa conduite, demeure exposée au milieu de la Cour.

– Que me faites-vous envisager, Madame, s'écria Monsieur de Clèves. Je n'oserais vous le dire de peur de vous offenser. Madame de Clèves ne répondit point ; et son silence achevant de confirmer son mari dans ce qu'il avait pensé :

« Vous ne me dites rien, reprit-il, et c'est me dire que je ne me trompe pas.

– Eh bien, Monsieur, lui répondit-elle en se jetant à ses genoux, je vais vous faire un aveu que l'on n'a jamais fait à son mari ; mais l'innocence de ma conduite et de mes intentions m'en donne la force. [...] Je n'ai jamais donné nulle marque de faiblesse et je ne craindrais pas d'en laisser paraître si vous me laissiez la liberté de me retirer de la Cour.

Madame de Lafayette, *La Princesse de Clèves*, 1678.

1. Observez le sens des verbes niés et le lexique du silence et de la parole.
– dans les répliques de Mme de Clèves ;
– dans les répliques de M. de Clèves ;
– dans la remarque du narrateur entre les deux répliques de M. de Clèves.

2. Laquelle de ces négations ne comporte qu'un seul élément ?

3. Expliquez en quoi la négation participe directement à l'aveu que fait Mme de Clèves à son mari.

MINI-LIENS
exercices interactifs :
minilienrobert.com/1F2031

32 L'interrogation

OUTILS DE LANGUE

L'interrogation directe

• L'interrogation **directe** est une question qui apparaît dans une phrase interrogative. Elle finit à l'écrit par un point d'interrogation et à l'oral pour une intonation montante.

Ex. : Quand viens-tu me voir ?

• Dans un niveau de langue **soutenu, on inverse la place du verbe et du sujet**.

Ex. : Vient-elle ? À quoi pense-t-elle ?

Si le sujet est un nom, on ajoute un pronom personnel de même personne après le verbe.

Ex. : Anna vient-elle ? À quoi Anna pense-t-elle ?

• Une question peut être introduite par un mot interrogatif. À l'oral, ce mot interrogatif peut être renforcé avec *est-ce que* *Ex. : Qui vient ? → Qui est-ce qui vient ? → Quand est-ce que tu viens me voir ?*
Est-ce que porte alors l'inversion verbe-sujet et le reste de la phrase retrouve un ordre des mots normal (*que* introduit alors une proposition relative dont l'antécédent est *ce*).

L'interrogation indirecte

L'interrogation **indirecte** est une proposition subordonnée qui apparaît dans une phrase affirmative. Elle est introduite par un **verbe principal** qui marque l'interrogation, le doute ou l'ignorance (*demander*, *ignorer*, *savoir*, *dire*, etc.) et se termine à l'écrit par un point ou à l'oral par une intonation descendante.

Ex. : Je me demande quand il viendra me voir.

L'interrogation totale et partielle

• **L'interrogation totale :**
- porte sur **l'ensemble** de la phrase ;
- on y répond par « **oui** », « **non** » ou un synonyme.

Ex. : M'aimes-tu ? Oui. / Non.

Dans l'**interrogation indirecte totale**, la conjonction ***si*** introduit la subordonnée.

Ex. : Je me demande s'il m'aime.

• **L'interrogation partielle :**
- porte sur un **élément de la phrase**, qui peut être le sujet, un complément ou un attribut ;

Ex. : Quels sont les parfums de glace que tu aimes ?

- on y répond par **un groupe de mots** ou **une phrase**.

Ex. : Vanille et chocolat. / Les parfums que je préfère sont vanille et chocolat.

Les mots introduisant l'interrogation

En tête de phrase ou de subordonnée interrogative, on trouve :
- des **pronoms** : *qui, que, quoi, où.* *Ex. : Qui va là ?*
- des **adjectifs** : *quel, quelle.* *Ex. : Quel est le jour de ton anniversaire ?*
- des **adverbes** : *comment, quand, combien.* *Ex. : Combien gagnes-tu par mois ?*

L'interrogation, un moyen d'agir sur le destinataire

Une question suscite généralement une réponse. Dans un texte argumentatif, poser une question au destinataire permet de l'impliquer. En réalité, il s'agit souvent d'une affirmation renforcée. On parle alors de **question rhétorique**.

La **forme interronégative** a souvent cette valeur. → n° 31 p. 66

Ex. : Ne le pensez-vous pas ?

ENTRAÎNEMENT

★ **1 Dans le texte suivant, soulignez les interrogations totales d'une couleur et les interrogations partielles d'une autre.**

CLAIRE. – Penchez-vous davantage et vous regardez dans mes souliers. *(Elle tend son pied, que Solange examine.)* Pensez-vous qu'il me soit agréable de me savoir le pied enveloppé par les voiles de votre salive ? Par la brume de vos marécages ?

SOLANGE, *à genoux et très humble.* – Je désire que Madame soit belle.

CLAIRE, *elle s'arrange dans la glace.* – Vous me détestez, n'est-ce pas ?

Jean Genet, *Les Bonnes*, 1947.

★★ **2 a. Dans cet extrait, placez les interrogations directes entre crochets, entourez les mots interrogatifs, encadrez les sujets placés avant le verbe et surlignez les verbes placés avant le sujet.**

Comment ? vous admirez cela ? Eh bien ! c'est du joli ! Mais qu'est-ce que cela peut vouloir dire ; est-ce qu'un homme n'est pas autant qu'un autre ? Qu'est-ce que cela peut faire qu'il soit duc ou cocher s'il a de l'intelligence et du cœur ? [...] Et vous osez citer cela ?

Marcel Proust, *Du côté de chez Swann*, 1913.

b. Transformez les interrogations directes de l'exercice 2 a en interrogations indirectes.

1. Elle lui demande ……………………………………
2. Elle lui demande ……………………………………
3. Elle lui demande ……………………………………
4. Elle lui demande ……………………………………
5. Elle lui demande ……………………………………

VERS L'ANALYSE

Celui qui vous maîtrise tant n'a que deux yeux, n'a que deux mains, n'a qu'un corps, et n'a autre chose [...] sinon que l'avantage que vous lui faites pour vous détruire. D'où a-t-il pris tant d'yeux, dont il vous épie, si vous ne les lui baillez[1] ? Comment a-t-il tant de mains pour vous frapper, s'il ne les prend de vous ? Les pieds dont il foule vos cités, d'où les a-t-il, s'ils ne sont des vôtres ? Comment a-t-il aucun pouvoir sur vous, que par vous ? Comment vous oserait-il courir sus[2], s'il n'avait intelligence avec vous[3] ? Que vous pourrait-il faire, si vous n'étiez recéleurs du larron[4] qui vous pille, complices du meurtrier qui vous tue et traîtres à vous-mêmes ?

Étienne de La Boétie, *Discours de la servitude volontaire*, 1576.

1. **Baillez :** donnez.
2. **Vous courir sus :** vous charger (au sens militaire).
3. **Avoir intelligence :** avoir conclu un accord.
4. **Larron :** voleur.

1. Placez les interrogatives directes entre crochets, entourez les mots interrogatifs.

2. Quelle est la nature grammaticale de la proposition introduite par *si* qui suit chaque interrogation ?

3. En quoi ces propositions introduites par *si* fournissent-elles une réponse aux questions posées ?

4. Comment cette suite de questions cherche-t-elle à susciter un sentiment de honte chez le public ?

MINI-LIENS
exercices interactifs :
minilienrobert.com/1F2032

33 Émile Zola et l'affaire Dreyfus

À la fin du XIXe siècle, un officier est condamné à tort pour espionnage au terme d'une enquête bâclée. On sait aujourd'hui que cette condamnation tient aussi au fait que l'officier en question, Alfred Dreyfus, est juif et que la France d'alors est en grande partie antisémite. L'écrivain Émile Zola prend la défense de Dreyfus dans un article de presse.

Ah ! le néant de cet acte d'accusation ! Qu'un homme ait pu être condamné sur cet acte, c'est un prodige d'iniquité. Je défie les honnêtes gens de le lire, sans que leur cœur bondisse d'indignation et crie leur révolte, en pensant à l'expiation démesurée, là-bas, à l'île du Diable. Dreyfus sait plusieurs langues, crime ; on n'a trouvé chez lui aucun papier compromettant, crime ; il va parfois dans son pays d'origine, crime ; il est laborieux, il a le souci de tout savoir, crime ; il ne se trouble pas, crime ; il se trouble, crime. Et les naïvetés de rédaction, les formelles assertions dans le vide ! On nous avait parlé de quatorze chefs d'accusation : nous n'en trouvons qu'une seule en fin de compte, celle du bordereau ; et nous apprenons même que, les experts n'étaient pas d'accord, qu'un d'eux, M. Gobert, a été bousculé militairement, parce qu'il se permettait de ne pas conclure dans le sens désiré. On parlait aussi de vingt-trois officiers qui étaient venus accabler Dreyfus de leurs témoignages. Nous ignorons encore leurs interrogatoires, mais il est certain que tous ne l'avaient pas chargé ; et il est à remarquer, en outre, que tous appartenaient aux bureaux de la guerre. C'est un procès de famille, on est là entre soi, et il faut s'en souvenir : l'état-major a voulu le procès, l'a jugé, et il vient de le juger une seconde fois.

Émile Zola, « J'accuse », *L'Aurore*, 13 janvier 1898.

La Dégradation d'Alfred Dreyfus, Bibliothèque nationale de France, Paris.

Grammaire : PHRASE ET PROPOSITION

n° 12 p. 28 et n° 26 p. 56

1. « Ah ! Le néant de cet acte d'accusation ! » (l. 1) : ces phrases sont-elles verbales ? ....

2. Identifiez les propositions dans la phrase suivante (l. 1-3) :
« Qu'un homme ait pu être condamné sur cet acte, c'est un prodige d'iniquité. »

....

3. Délimitez les propositions de la phrase « Dreyfus sait plusieurs langues [...] il se trouble, crime. » (l. 6-12) : comment sont-elles articulées ?

....

....

Grammaire : VALEURS TEMPORELLES, ASPECTUELLES ET MODALES DES VERBES → n° 23 p. 50, 24 p. 52, 25 p. 54

4. Quelles sont les différentes valeurs du présent de l'indicatif dans ces trois emplois ?

« Dreyfus sait plusieurs langues » (l. 6-7) → ....

« Nous ignorons encore » (l. 24) → ....

« il est certain » (l. 25) → ....

5. « On nous avait parlé [...] : nous n'en trouvons [...] » (l. 14-16) : en quoi les temps et formes de ces verbes s'opposent-ils ? À quelle valeur aspectuelle sont-ils associés ?

....

....

Vers la rédaction : LE COMMENTAIRE LINÉAIRE → n° 44 p. 92

Boîte à outils

Le commentaire linéaire est le type de commentaire que vous devez faire à l'oral du bac. Il consiste à expliquer le texte en suivant sa progression : vous commentez d'abord le début du texte, puis le milieu, puis la fin. Qu'il soit linéaire ou composé, le commentaire consiste toujours dans le fait de repérer des éléments à étudier dans un texte (figures de style, choix des termes, éléments de grammaire, références à d'autres œuvres ou à des événements historiques, etc.) et à montrer en quoi la forme du texte est cohérente avec son fond.

6. Rédigez un paragraphe de commentaire linéaire argumenté dans lequel vous utiliserez les réponses aux questions 3 et 4.

....

34 Albert Camus et la Kabylie

En 1938, l'Algérie est une colonie française. Albert Camus, qui en est originaire, rédige un article sur la région la plus pauvre du pays, la Kabylie, dont la politique française s'occupe peu. Il dénonce la misère de ses habitants.

Par un petit matin, j'ai vu à Tizi-Ouzou des enfants en loques disputer à des chiens kabyles le contenu d'une poubelle. À mes questions, un Kabyle a répondu : « C'est tous les matins comme ça. » Un autre habitant m'a expliqué que l'hiver, dans le village, les habitants, mal nourris et mal couverts, ont inventé une méthode pour trouver le sommeil. Ils se mettent en cercle autour d'un feu de bois et se déplacent de temps en temps pour éviter l'ankylose. Et la nuit durant, dans le gourbi misérable, une ronde rampante de corps couchés se déroule sans arrêt. Ceci n'est sans doute pas suffisant puisque le Code forestier empêche ces malheureux de prendre le bois où il se trouve et qu'il n'est pas rare qu'ils se voient saisir leur seule richesse, l'âne croûteux et décharné qui servit à transporter les fagots. Les choses, dans la région de Tizi-Ouzou, sont d'ailleurs allées si loin qu'il a fallu que l'initiative privée s'en mêlât. Tous les mercredis, le sous-préfet, à ses frais, donne un repas à 50 petits Kabyles et les nourrit de bouillon et de pain. Après quoi, ils peuvent attendre la distribution de grains qui a lieu au bout d'un mois.

Albert Camus, « Misère de la Kabylie », *Alger républicain*, 1938.

Cour intérieure d'une maison kabyle, Algérie, vers 1900.

Grammaire : LA PHRASE ET SON ANALYSE

n° 26 p. 56

« Un autre habitant m'a expliqué que l'hiver, dans le village, les habitants, mal nourris et mal couverts, ont inventé une méthode pour trouver le sommeil » (l. 5-8).

1. Dans le tableau, listez les compléments circonstanciels de la phrase ci-dessus et précisez leur sens.

Ex. : *à Tizi-Ouzou* (l. 1) = CC de lieu

2. Précisez la nature (adverbe, pronom, groupe nominal, groupe prépositionnel, proposition) de ces compléments circonstanciels.

3. Lorsque ces compléments circonstanciels sont des propositions, précisez s'il s'agit de propositions subordonnées, coordonnées ou juxtaposées.

Complément circonstanciel	Sens	Nature	Proposition
....	....	....	....
....	....	....	....
....	....	....	....
....	....	....	....
....	....	....	....
....	....	....	....
....	....	....	....

4. Étudiez la phrase « Par un petit matin, j'ai vu à Tizi-Ouzou des enfants en loques disputer à des chiens kabyles le contenu d'une poubelle » (l. 1-3). Quelle est la nature de la proposition « des enfants en loque disputer à des chiens [...] poubelle » ?

....

Grammaire : LE GROUPE NOMINAL

→ n° 4 p. 12

5. Listez les adjectifs qualificatifs de la phrase « Par un petit matin, j'ai vu à Tizi-Ouzou des enfants en loques disputer à des chiens kabyles le contenu d'une poubelle » (l. 1-3). Indiquez s'ils sont épithètes, attributs ou détachés.

....

....

6. Les adjectifs épithètes sont-ils placés avant ou après le mot auquel ils se rapportent ?

....

7. Est-ce toujours le cas ou est-ce un choix de l'auteur ?

....

Vers la rédaction : LE COMMENTAIRE COMPOSÉ

→ n° 44 p. 92

8. Rédigez un paragraphe de commentaire composé pour la problématique suivante :
« En quoi l'article de presse peut-il être un texte où l'auteur s'engage ? »
Vous traiterez la partie suivante : « L'article de presse permet à un auteur de s'engager car il ne se contente pas de présenter des faits » ; pour cela, vous utiliserez les réponses aux questions 6 et 7.

35 Pierre de Ronsard et le *Carpe diem*

À la Renaissance, Pierre de Ronsard est un des poètes les plus reconnus de son temps. Il évolue à la cour de Henri II et compose des pièces poétiques qui célèbrent la beauté féminine et la séduction. Il y invite aussi son lecteur (ou sa lectrice) à profiter du moment présent, reprenant ainsi le Carpe diem *du poète antique Horace.*

Quand vous serez bien vieille, au soir à la chandelle,
Assise auprès du feu, dévidant et filant,
Direz chantant mes vers, en vous émerveillant :
« Ronsard me célébrait du temps que j'étais belle. »

Lors vous n'aurez servante oyant telle nouvelle,
Déjà sous le labeur à demi sommeillant,
Qui au bruit de Ronsard ne s'aille réveillant,
Bénissant votre nom de louange immortelle.

Je serai sous la terre, et fantôme sans os
Par les ombres myrteux je prendrai mon repos ;
Vous serez au foyer une vieille accroupie,

Regrettant mon amour et votre fier dédain.
Vivez, si m'en croyez, n'attendez à demain :
Cueillez dès aujourd'hui les roses de la vie.

Pierre de Ronsard, « Quand vous serez bien vieille », *Sonnets pour Hélène*, 1578.

Tiziano Vecellio, dit Titien, *La Vénus au miroir* (1500-1580), musée du Louvre, Paris.

Grammaire : L'ACCORD SUJET-VERBE

n° 22 p. 48

1. Soulignez les verbes conjugués du poème.

2. Les sujets de ces verbes sont-ils toujours exprimés ? Surlignez-les.

3. Lorsque les sujets ne sont pas exprimés, cette omission est-elle due au mode des verbes ou bien au fonctionnement de la langue française au temps de Ronsard ?

Grammaire : LA VALEUR TEMPORELLE DES VERBES

n° 19 p. 42, 23 p. 50

4. Relevez les formes verbales en *-ant* dans la deuxième strophe (v. 5-8).

5. Surlignez d'une couleur celles qui sont employées comme adjectifs et d'une autre couleur celles qui sont employées comme gérondifs.

6. a. Dans ce texte, la préposition *en* est-elle toujours utilisée pour marquer le gérondif ?

b. Quels sont les gérondifs pour lesquels manque la préposition *en* ? Récrivez les strophes en question en ajoutant *en* : quel problème cet ajout pose-t-il ?

1.

2.

Vers la rédaction : LE COMMENTAIRE LINÉAIRE

n° 43 p. 90

Boîte à outils

Pour commenter un poème de façon linéaire, il faut comprendre comment fonctionne chaque strophe et le lien que ces strophes entretiennent.
Dans le cas d'un sonnet, on sait que les quatrains (strophes de quatre vers) forment une unité ; il en est de même pour les tercets (strophes de trois vers). On peut donc, quand on constate que le poème à étudier est un sonnet, proposer un plan en deux parties : I. les quatrains II. Les tercets. Les sonnets opèrent habituellement une opposition forte entre les quatrains et les tercets, parfois manifestée dans les tout premiers mots du premier tercet, qu'on appelle la *volta*.

7. Rédigez un paragraphe argumenté de commentaire linéaire des quatrains (v. 1-8). Vous utiliserez les réponses aux questions 4 et 5.

36 Victor Hugo et l'élégie

Victor Hugo perd sa fille Léopoldine en 1843. Il est alors en voyage et apprend sa mort dans le journal. Dans « Demain dès l'aube », il s'imagine fleurir la tombe de sa fille sur laquelle il n'a pu venir qu'en 1846.

Demain, dès l'aube, à l'heure où blanchit la campagne,
Je partirai. Vois-tu, je sais que tu m'attends.
J'irai par la forêt, j'irai par la montagne.
Je ne puis demeurer loin de toi plus longtemps.

Je marcherai les yeux fixés sur mes pensées,
Sans rien voir au dehors, sans entendre aucun bruit,
Seul, inconnu, le dos courbé, les mains croisées,
Triste, et le jour pour moi sera comme la nuit.

Je ne regarderai ni l'or du soir qui tombe,
Ni les voiles au loin descendant vers Harfleur,
Et quand j'arriverai, je mettrai sur ta tombe
Un bouquet de houx vert et de bruyère en fleur.

Victor Hugo, « Demain, dès l'aube », 1847,
Les Contemplations, 1856.

Nadar, *Portrait de Victor Hugo*,
Bibliothèque nationale de France, Paris.

Grammaire : LES COMPLÉMENTS CIRCONSTANCIELS

n° 12 p. 28 et n° 26 p. 56

1. « Demain, dès l'aube, à l'heure où blanchit la campagne, / Je partirai. » (v. 1-2) : quels sont les compléments circonstanciels utilisés dans cette phrase ? Qu'expriment-ils ?

1. ……………………………………………………

2. ……………………………………………………

3. ……………………………………………………

2. Ces compléments circonstanciels sont-ils exprimés par un groupe nominal ou un groupe prépositionnel ?

1. ……………………………………………………

2. ……………………………………………………

3. ……………………………………………………

3. Analysez la proposition « à l'heure où blanchit la campagne » (v. 1).

……………………………………………………

……………………………………………………

……………………………………………………

Grammaire : LES PROPOSITIONS JUXTAPOSÉES

n° 13 p. 30, 14 p. 32, 15 p. 34, 16 p. 36, 30 p. 64

4. Entourez les signes de ponctuation du dernier quatrain. Lesquels sont utilisés ? Comment sont-ils placés ?

....

....

5. En combien de phrases est construite cette strophe ? Comment sont articulées les différentes propositions qui les composent ?

....

....

Vers la rédaction : LA DISSERTATION

n° 45 p. 94, 46 p. 96, 47 p. 98, 48 p. 100

Boîte à outils

Dans une dissertation, vous pouvez utiliser des éléments d'analyse de texte pour enrichir vos exemples.
Ainsi, lorsque vous citez un passage du texte dans une dissertation, vous pouvez analyser ce passage en donnant la nature ou la fonction de certains mots utilisés. Exemple : « Dans la phrase « *Je* est un autre » de Rimbaud, le poète utilise le pronom personnel de la première personne « je » (nature du mot) en conjuguant le verbe « être » à la troisième personne du singulier, ce qui montre qu'il y a une distance à soi-même du poète lorsqu'il écrit ».

6. Rédigez un paragraphe argumenté de dissertation sur le sujet suivant : « Le poète est-il un alchimiste du verbe ? ». Vous traiterez de la partie suivante : « Le poète rend belle la tristesse. »

....

....

....

....

....

....

....

....

....

....

....

....

....

....

....

....

....

37 Guy de Maupassant : l'ambitieux face à lui-même

Georges Duroy est un jeune soldat revenu d'Algérie dans les années 1880. Sans le sou, il retrouve par hasard son camarade de guerre, Forestier, qui l'invite à un dîner au cours duquel il rencontre le directeur d'un journal. Espérant se faire embaucher par ce dernier, Georges Duroy, qu'on surnommera « Bel-Ami », a acheté des vêtements pour l'occasion. Il s'apprête à gravir les marches le menant à l'appartement où se tient le dîner.

Et Georges Duroy monta l'escalier.

Il était un peu gêné, intimidé, mal à l'aise. Il portait un habit pour la première fois de sa vie, et l'ensemble de sa toilette l'inquiétait. Il la sentait défectueuse en tout, par les bottines non vernies mais assez fines cependant, car il avait la coquetterie du pied, par la chemise de quatre francs cinquante achetée le matin même au Louvre, et dont le plastron trop mince se cassait déjà. Ses autres chemises, celles de tous les jours, ayant des avaries plus ou moins graves, il n'avait pu utiliser même la moins abîmée.

Son pantalon, un peu trop large, dessinait mal la jambe, semblait s'enrouler autour du mollet, avait cette apparence fripée que prennent les vêtements d'occasion sur les membres qu'ils recouvrent par aventure. Seul, l'habit n'allait pas mal, s'étant trouvé à peu près juste pour la taille.

Il montait lentement les marches, le cœur battant, l'esprit anxieux, harcelé surtout par la crainte d'être ridicule ; et, soudain, il aperçut en face de lui un monsieur en grande toilette qui le regardait. Ils se trouvaient si près l'un de l'autre que Duroy fit un mouvement en arrière, puis il demeura stupéfait : c'était lui-même, reflété par une haute glace en pied qui formait sur le palier du premier une longue perspective de galerie. Un élan de joie le fit tressaillir, tant il se jugea mieux qu'il n'aurait cru.

Guy de Maupassant, *Bel-Ami*, 1885.

Bel-Ami, réalisé par Declan Donnellan et Nick Ormerod, avec Robert Pattinson, 2012.

Grammaire : LES PROPOSITIONS JUXTAPOSÉES ET COORDONNÉES

n° 12 p. 28 et n° 26 p. 56

1. a. Dans la phrase ci-dessous, entourez les signes de ponctuation et soulignez les verbes conjugués.

« Son pantalon, un peu trop large, dessinait mal la jambe, semblait s'enrouler autour du mollet, avait cette apparence fripée que prennent les vêtements d'occasion sur les membres qu'ils recouvrent par aventure. » (l. 13-17)

b. Surlignez les propositions juxtaposées.

2. a. Les signes de ponctuation sont-ils toujours utilisés ici pour juxtaposer des propositions ?

....

b. À quelle autre fin sont-ils employés ?

3. a. Dans la phrase ci-dessous, encadrez les conjonctions de coordination.

« Il la sentait défectueuse en tout, par les bottines non vernies mais assez fines cependant, car il avait la coquetterie du pied » (l. 4-7)

b. Surlignez les verbes conjugués pour identifier les propositions coordonnées.

Grammaire : LES RELATIONS LEXICALES

n° 28 p. 60

4. a. « Il était un peu gêné, intimidé, mal à l'aise. » (l. 2) : comment qualifier ces trois adjectifs sur le plan des relations lexicales ?

b. Quel est le champ lexical utilisé ?

5. Dans le passage « Il était un peu gêné, intimidé, mal à l'aise » (l. 2) à « juste pour la taille » (l. 18) :

- quel est l'hyperonyme de ce champ sémantique ?
- est-il exprimé ?

Vers la rédaction : LA QUESTION DE GRAMMAIRE

6. Rédigez un paragraphe argumenté en réponse à la question de grammaire suivante. Dites quels sont les différents types d'expansions du nom utilisés dans la phrase suivante : « Il la sentait défectueuse en tout, par les bottines non vernies mais assez fines cependant, car il avait la coquetterie du pied, par la chemise de quatre francs cinquante achetée le matin même au Louvre, et dont le plastron trop mince se cassait déjà » (l. 4-10).

38 Romain Gary : l'écriture de soi, de la honte à la tendresse

La Promesse de l'aube est un roman d'inspiration autobiographique dans lequel l'auteur rend hommage à sa mère, qui l'a élevé seule et a dû surmonter un grand nombre d'épreuves au cours de sa vie. Pour s'en consoler, elle reporta très tôt ses rêves de grandeur sur son fils, attendant de lui qu'il devînt ambassadeur ou écrivain. Dans ce passage, Romain Gary reçoit la visite de sa mère à l'armée.

Je l'ai vue descendre du taxi, devant la cantine, la canne à la main, une gauloise aux lèvres et, sous le regard goguenard des troufions, elle m'ouvrit ses bras d'un geste théâtral, attendant que son fils s'y jetât, selon la meilleure tradition [...] :

– Guynemer[1] ! Tu seras un second Guynemer ! Tu verras, ta mère a toujours raison !

Je sentis le sang me brûler la figure, j'entendis les rires derrière mon dos, et déjà, avec un geste menaçant de la canne vers la soldatesque hilare étalée devant le café, elle proclamait, sur le mode inspiré :

– Tu seras un héros, tu seras général, Gabriele d'Annunzio[2], Ambassadeur de France – tous ces voyous ne savent pas qui tu es !

Je crois que jamais un fils n'a haï sa mère autant que moi, à ce moment-là. Mais, alors que j'essayais de lui expliquer dans un murmure rageur qu'elle me compromettait irrémédiablement aux yeux de l'armée de l'air, et que je faisais un nouvel effort pour la pousser derrière le taxi, son visage prit une expression désemparée, ses lèvres se mirent à trembler, et j'entendis une fois de plus la formule intolérable, devenue depuis longtemps classique dans nos rapports :

– Alors, tu as honte de ta vieille mère ?

D'un seul coup, tous les oripeaux de fausse virilité, de vanité, de dureté, dont je m'étais si laborieusement paré, tombèrent à mes pieds [...]. Je n'entendais plus les rires, je ne voyais plus les regards moqueurs, j'entourais ses épaules de mon bras et je pensais à toutes les batailles que j'allais livrer pour elle, à la promesse que je m'étais faite, à l'aube de ma vie, de lui rendre justice, de donner un sens à son sacrifice et de revenir un jour à la maison, après avoir disputé victorieusement la possession du monde à ceux dont j'avais si bien appris à connaître, dès mes premiers pas, la puissance et la cruauté.

Romain Gary, *La Promesse de l'aube*, 1960.

1. **Georges Guynemer** (1894-1917) est un célèbre aviateur de la Première Guerre mondiale.
2. **Gabriele d'Annunzio** (1863-1938) est un grand écrivain italien, pilote pendant la Première Guerre mondiale.

La Promesse de l'aube, réalisé par Éric Barbier, avec Pierre Niney et Charlotte Gainsbourg, 2017.

Grammaire : L'ORIGINE ET LA FORMATION DES MOTS

n° 29 p. 62

1. a. **Dites à quelle classe grammaticale les mots suivants appartiennent.**

1. théâtral (l. 4) : ....

2. soldatesque (l. 11) : ....

3. rageur (l. 20) : ....

b. **Donnez leur mot radical. À quelle classe grammaticale appartient-il ?**

1. .... 2. .... 3. ....

c. **Comment s'est opérée leur transformation ?**

1. ....

2. ....

3. ....

2. **À quelles langues sont empruntés les termes suivants ?**

• taxi (l. 1) : .... • café (l. 12) : ....

3. **« Guynemer » (l. 7) et « gauloise » (l. 2) sont employés comme noms communs alors qu'il s'agit à l'origine de noms propres (la Gauloise est une marque de cigarette) : savez-vous comment s'appelle ce procédé de formation de mots ?**

....

Grammaire : LA VALEUR ASPECTUELLE DES VERBES

n° 24 p. 52

4. a. **Dans le texte, soulignez les verbes à l'imparfait de l'indicatif d'une couleur et ceux au passé simple de l'indicatif d'une autre couleur.**

b. **À quel temps sont ceux qui indiquent une action longue ou d'arrière-plan ?** ....

c. **Citez ceux qui sont utilisés pour marquer une action brève, subite ou de premier plan ?**

....

5. a. **Quels sont les autres temps et modes utilisés dans les passages de récit ?**

....

b. **Lesquels indiquent une action antérieure à celles des verbes que vous avez surlignés ?**

....

c. **Lesquels relèvent de l'irréel, de l'hypothèse, de la conséquence ?**

....

Grammaire : L'INTERROGATION

n° 32 p. 68

« Alors, tu as honte de ta vieille mère ? » (l. 28)

6. **Analysez la phrase ci-dessus.**

....

....

Vers la rédaction : LE COMMENTAIRE COMPOSÉ

n° 42 p. 88

7. **Rédigez une partie de commentaire composé. Le sujet est le suivant : « En quoi ce passage est-il la réécriture d'une pièce de théâtre ? » ; la partie à rédiger est la suivante : « Cette scène comporte des éléments de tragédie ».**

39 Jean Racine et le dénouement tragique

Bérénice est reine de Palestine et amante de Titus. Or Titus vient d'être nommé empereur et il ne lui est pas possible d'épouser une reine étrangère. Il doit donc choisir entre l'Empire et celle qu'il aime. Bérénice comprend que Titus doit la quitter et prend les devants en décidant de ne plus le revoir.

BÉRÉNICE, *se levant*
Arrêtez, arrêtez. Princes trop généreux,
En quelle extrémité me jetez-vous tous deux !
Soit que je vous regarde, ou que je l'envisage,
Partout du désespoir je rencontre l'image.
Je ne vois que des pleurs, et je n'entends parler
Que de trouble, d'horreurs, de sang prêt à couler.
(à Titus)
Mon cœur vous est connu, Seigneur, et je puis dire
Qu'on ne l'a jamais vu soupirer pour l'empire.
La grandeur des Romains, la pourpre des Césars
N'a point, vous le savez, attiré mes regards.
J'aimais, Seigneur, j'aimais : je voulais être aimée.
Ce jour, je l'avouerai, je me suis alarmée :
J'ai cru que votre amour allait finir son cours.
Je connais mon erreur, et vous m'aimez toujours.
Votre cœur s'est troublé, j'ai vu couler vos larmes.
Bérénice, Seigneur, ne vaut point tant d'alarmes,
Ni que par votre amour l'univers malheureux,
Dans le temps que Titus attire tous ses vœux
Et que de vos vertus il goûte les prémices,
Se voie en un moment enlever ses délices.
Je crois, depuis cinq ans jusqu'à ce dernier jour,
Vous avoir assuré d'un véritable amour.
Ce n'est pas tout : je veux, en ce moment funeste,
Par un dernier effort couronner tout le reste.
Je vivrai, je suivrai vos ordres absolus.
Adieu, Seigneur, régnez : je ne vous verrai plus.

Jean Racine, *Bérénice*, V, 7, 1670.

Bérénice, gravure d'après une image de Berangeli, Bibliothèque nationale de France, Paris.

Grammaire : LES NÉGATIONS

→ n° 31 p. 66

1. a. Entourez les négations syntaxiques dans la phrase ci-dessous.

« Je ne vois que des pleurs, et je n'entends parler
Que de trouble, d'horreurs, de sang prêt à couler. » (v. 5-6)

b. Notez si ces négations sont partielles ou totales.

Négations partielles : ....

Négations totales : ....

2. Quels sont les éléments de négation (*jamais, pas, point, guère, que...*) utilisés dans ces négations ? Qu'expriment-t-ils ?

....

3. a. Remettez dans l'ordre les mots de la proposition allant de « Ni que » à « délices ».

« Bérénice, Seigneur, ne vaut point tant d'alarmes,
Ni que par votre amour l'univers malheureux,
Dans le temps que Titus attire tous ses vœux
Et que de vos vertus il goûte les prémices,
Se voie en un moment enlever ses délices. » (v. 16-20)

....

....

b. Comment cette proposition est-elle articulée à la précédente ?

....

Grammaire : LES VALEURS ASPECTUELLES DES FORMES VERBALES

n° 24 p. 52

4. a. Dans le tableau ci-dessous, reportez les formes simples et les formes composées des verbes conjugués des vers 1 à 8.
b. Indiquez le temps et le mode utilisés.
c. Indiquez la valeur aspectuelle des verbes.

Formes simples			Formes composées		
Verbe	**Temps et mode**	**Aspect**	**Verbe**	**Temps et mode**	**Valeur aspectuelle**
Ex. : régnez	*présent de l'impératif*	*inaccompli*			

5. Ces valeurs aspectuelles vous semblent-elles cohérentes avec le sens du texte ? Pourquoi ?

....

....

....

Boîte à outils

Ne confondez pas passé composé de l'indicatif et voix passive.

Ex. : On ne l'a jamais vu. → passé composé
Mon cœur vous est connu. → passif

Vers la rédaction : LE COMMENTAIRE LINÉAIRE

n° 42 p. 88

6. Rédigez un paragraphe argumenté de commentaire linéaire dans lequel vous utiliserez les réponses aux questions 4 et 5.

40 Victor Hugo et le portrait du héros romantique

Ruy Blas est un jeune homme issu du peuple, amoureux de la reine d'Espagne, qu'il a connue enfant. Il lui laisse chaque jour sur un banc des fleurs qui rappellent le pays où ils ont grandi, l'Allemagne, mais il ne lui a pas révélé son identité. La reine, se sentant seule, se lamente et dresse le portrait de cet amant inconnu.

Chaque fois qu'à ce banc je vais chercher les fleurs,
Je promets à mon Dieu, dont l'appui me délaisse,
De n'y plus retourner. J'y retourne sans cesse.
– Mais lui ! voilà trois jours qu'il n'est pas revenu
– Blessé ! – Qui que tu sois, ô jeune homme inconnu !
Toi qui, me voyant seule et loin de ce qui m'aime,
Sans rien me demander, sans rien espérer même,
Viens à moi, sans compter les périls où tu cours ;
Toi qui verses ton sang, toi qui risques tes jours
Pour donner une fleur à la reine d'Espagne ;
Qui que tu sois, ami dont l'ombre m'accompagne,
Puisque mon cœur subit une inflexible loi,
Sois aimé par ta mère et sois béni par moi !
Vivement et portant la main à son cœur.
Oh ! sa lettre me brûle ! –
Retombant dans sa rêverie.
[…] *Elle déplie la lettre résolument et lit.*
« Madame, sous vos pieds, dans l'ombre, un homme est là
« Qui vous aime, perdu dans la nuit qui le voile ;
« Qui souffre, ver de terre amoureux d'une étoile ;
« Qui pour vous donnera son âme, s'il le faut ;
« Et qui se meurt en bas quand vous brillez en haut. »

Victor Hugo, *Ruy Blas*, II, 2, 1838.

Sarah Bernhardt, comédienne française dans le rôle de la Reine dans *Ruy Blas*, pièce de Victor Hugo, photographie d'Achille Mélandri, musée Carnavalet, Paris.

Grammaire : LA PROPOSITION SUBORDONNÉE RELATIVE

n° 27 p. 58

1. Soulignez toutes les propositions subordonnées relatives des cinq derniers vers et encadrez leur(s) antécédent(s).

2. Quelle est la fonction de ces relatives ?

1. .... **3.** .... **5.** ....

2. .... **4.** ....

3. **Ces relatives sont-elles déterminatives ou facultatives ?**
Remplissez le tableau ci-dessous.

Relatives déterminatives	Relatives facultatives

Boîte à outils

Une relative nécessaire à la compréhension de la phrase est dite **déterminative** ; dans ce cas, on ne peut pas la supprimer. Dans d'autres cas, la relative apporte des informations et peut être supprimée sans que la phrase perde son sens : elle est **facultative**.

4. **Dans « Qui que tu sois, ô jeune homme inconnu ! » (v. 5), comment analyser le pronom « qui » ? Est-ce un pronom relatif ou un pronom indéfini ? Justifiez.**

Grammaire : LES VALEURS MODALES DES VERBES

n° 25 p. 54

5. **Soulignez le verbe à valeur d'ordre (jussive) dans :**

« Puisque mon cœur subit une inflexible loi,
Sois aimé par ta mère et sois béni par moi ! » (v. 12-13)

6. **Cette valeur d'ordre est-elle due à sa forme verbale (temps et mode) ou à son sens ? Justifiez.**

Vers la rédaction : LA DISSERTATION

7. **Rédigez un paragraphe argumenté de dissertation pour le sujet suivant : « En quoi *Ruy Blas* est-il un drame romantique ? » Vous traiterez la partie suivante : « *Ruy Blas* expose les sentiments des personnages de manière appuyée. » Vous utiliserez les réponses aux questions 5 et 6.**

41 Préparer le commentaire d'un texte de théâtre

★ 1 La reine d'Espagne, seule au milieu d'une cour qui la malmène, est émue par les lettres accompagnées de fleurs qu'un inconnu lui dépose chaque soir, au péril de sa vie.
Dans la scène 2 de l'acte II, la reine est restée seule pour faire ses prières. Mais sa pensée est obsédée par un morceau de vêtement à dentelles taché de sang qu'elle a retrouvé auprès de la dernière lettre.

LA REINE. – Prions. *(Elle s'agenouille devant la madone[1].)*
– Secourez-moi, madame ! Car je n'ose
Élever mon regard jusqu'à vous ! *(Elle s'interrompt.)*
– Ô mon dieu !
La dentelle, la fleur, la lettre, c'est du feu !
(Elle met la main dans sa poitrine et en arrache une lettre froissée, un bouquet desséché de petites fleurs bleues et un morceau de dentelle taché de sang qu'elle jette sur la table ; puis elle retombe à genoux.)
Vierge ! astre de la mer ! Vierge ! espoir du martyre !
Aidez-moi ! – *(S'interrompant.)*
Cette lettre ! *(Se tournant à demi vers la table.)*
Elle est là qui m'attire. *(S'agenouillant de nouveau.)*
Je ne veux plus la lire ! – Ô reine de douceur !
Vous qu'à tout affligé Jésus donne pour sœur[2] !
Venez, je vous appelle ! – *(Elle se lève, fait quelques pas vers la table, puis s'arrête, puis enfin se précipite sur la lettre, comme cédant à une attraction irrésistible.)*
Oui, je vais la relire
Une dernière fois ! Après, je la déchire !

Victor Hugo, *Ruy Blas*, II, 2, 1838.

1. La madone est une statue de la Vierge Marie qui est posée dans la pièce et devant laquelle la reine prie à genoux. Marie est la protectrice des malheureux.
2. « Vous que Jésus donne pour sœur (compatissante) à tout malheureux ».

Rappel
Le registre d'un texte est la tonalité de ce texte ; on peut le définir par l'effet qu'il produit sur le lecteur. Un texte qui vise à faire rire est comique, un texte qui vise à faire pleurer est pathétique, etc.

1. Quels sont les registres principaux de la scène ? Quelle émotion agite le personnage ?

....

....

2. En quoi l'expression « attraction irrésistible » rend-elle compte du passage ?

....

....

★★★ **2** **Le roi Christophe (qui a régné sur Haïti après la libération des esclaves noirs, au début du XIXe siècle) vient de mourir. Sa femme, Madame Christophe, et son fidèle serviteur, Vastey, font porter son corps en haut d'une citadelle et l'enterrent dans le ciment, debout et tourné vers l'Afrique, en prononçant chacun un éloge funèbre.**

PREMIER PORTEUR. – Oh la là ! Pour lourd, on peut dire qu'il est lourd.
DEUXIÈME PORTEUR. – Dame ! un roi
C'est toujours lourd un roi.
PREMIER PORTEUR. – Pas seulement qu'il est lourd… Faut remarquer qu'il s'alourdit.
DEUXIÈME PORTEUR. – C'est pt'ête qu'il est de plus en plus roi. Faut dire que c'était un grand arbre. […] (*Ils déposent le corps.*)
Vastey, aux porteurs. Qu'on le mette debout.
Dans le mortier gâché. Tourné vers le sud.
C'est bien. Non pas couché, mais debout.
Qu'il se fraie lui-même, dans la difficulté de la pierre et l'industrie du rocher inventé de main d'homme, sa route !
Et, lui ayant trouvé tout seul sa stature,
que la lune, rouge au bout de la flèche,
suspende sa torche épouvantable !
MADAME CHRISTOPHE. – Et ce pays t'aura refusé jusqu'à l'oreiller de mousse du crapaud !
Et ton pays t'aura dénié la cave de boue du scarabée
Homme reculeur de bornes
Homme forgeur d'astres
dure étreinte chaude
grand cœur froidi déjà dans la distance
défais-toi de ton orgueil de pierre !

Aimé Césaire, *La Tragédie du roi Christophe*, III, 9, 1963.

Pour le projet de lecture suivant : « En quoi le dénouement de cette tragédie renouvelle-t-il les attentes du genre ? », relevez les éléments et procédés d'écriture que vous traiteriez pour les trois axes suivants :

A. La structure du texte : un enterrement, entre registres comique, tragique et pathétique.

....

B. Renouveler le sublime tragique : parole poétique et mélange des niveaux de langue.

....

C. Repenser le genre de la tragédie : renouveler un genre européen à travers l'imaginaire créole.

....

registre épique : guerre.

42 Préparer le commentaire d'un texte narratif

★ **1 Madame de Villedieu, dans le recueil de nouvelles *Les Désordres de l'amour*, décrit la manière dont l'amour défie les règles de la morale et de la société. Dans la deuxième nouvelle, la femme du marquis de Termes tombe malade juste après leur mariage et finit par révéler à son mari la cause de sa mélancolie.**

[…] puisque vous me forcez à vous l'avouer, moins je le vois et plus je sens le désir de le voir : son absence, qui devrait l'effacer de ma mémoire, ne sert qu'à me persuader sa déférence[1] pour mes ordres. Je ne pousse pas un soupir, où je ne m'imagine que les siens répondent, et jugeant de ses peines par les miennes, il se fait en moi un combat de pitié, d'amour et de devoir, qui semble déchirer mon âme, et dont les effets sont si cruels pour elle que de quelque côté que penche la victoire, elle me sera toujours également funeste.

Madame de Villedieu, « Qu'on ne peut donner si peu de puissance à l'amour qu'il n'en abuse », *Les Désordres de l'amour*, 1676.

1. Déférence : respect.

1. Soulignez de deux couleurs différentes tous les mots rattachables aux registres tragique et pathétique.

2. Quelle idée résume le discours de la jeune femme ?

manque homme L'idée qui résume le discours de la jeune femme est le manque insoutenable d'une pers. perdue.

3. Pourquoi peut-on dire que cet extrait est un exemple qui vient illustrer la morale du titre de la nouvelle ?

Cet extrait est lié au titre "Les Désordres de l'amour" car il évoque le manque, le désespoir, la passion amoureuse.

★★ **2 L'héroïne de *Comme Ulysse*, une adolescente, vit seule dans New York depuis quelques mois, après avoir volontairement quitté sa sœur aînée. Au début du roman, elle finit une journée d'errance dans un restaurant thaïlandais.**

Donc j'étais là, assise toute seule comme une dinde sur mon tabouret, j'avais mangé mon riz thaï mon poulet thaï, j'avais tiré la langue le plus loin possible vers l'assiette pour lécher la sauce, parce que ces abrutis ne m'avaient pas donné de cuiller et que je ne pouvais pas en demander, j'avais oublié le mot pour dire *cuiller*, comment tu veux manger de la sauce avec des baguettes. […]
Pourtant, cuiller quoi de plus simple, évidemment que je le sais, ça se dit *spoon*, *spooon* avec trois o ronds comme sa fesse. J'ai progressé depuis, maintenant c'est français que je ne sais plus parler, ou plus vraiment, peut-être ça va revenir en écrivant, peut-être, j'espère, je ne sais pas, je m'en fiche. En Thaïlande, d'ailleurs, c'est une cuiller et une fourchette qu'ils utilisent, pas des baguettes, c'est en tout cas ce que mon père m'a raconté. Mais il n'est jamais allé en Thaïlande, mon père, seulement en Chine ou au Japon, alors qu'est-ce qu'il en sait.

Lise Charles, *Comme Ulysse*, 2015.

1. Ces paragraphes se situent au début du roman. Que nous apprennent-ils sur la situation initiale et sur le personnage principal ?

→ jeune ♀ seule, pb trad évoqués

2. Mettez entre crochets ce qui relève de la narration, soulignez ce qui relève de la description et entourez ce qui relève de la réflexion. Quelle ambiance crée ainsi le texte ?

★★★ **3 Alain Robbe-Grillet est un auteur du Nouveau Roman. Comme les autres auteurs de ce mouvement littéraire, il considère que l'on ne peut plus écrire un roman au XXe siècle comme on l'a fait auparavant. Il opte donc pour une écriture objective, c'est-à-dire centrée sur la description et est attentif à la répétition. Dans ce passage, un homme marié observe son épouse se brosser les cheveux.**

Une moitié de la chevelure pend dans le dos, l'autre main ramène en avant de l'épaule l'autre moitié. Sur ce côté (le côté droit) la tête s'incline, de manière à mieux offrir les cheveux à la brosse. Chaque fois que celle-ci s'abat, tout en haut, derrière la nuque, la tête penche davantage et remonte ensuite avec effort, pendant que la main droite – qui tient la brosse – s'éloigne en sens inverse. La main gauche – qui entoure les cheveux sans les serrer, entre le poignet, la paume et les doigts – lui laisse un instant libre passage et se referme en rassemblant les mèches à nouveau, d'un geste sûr, arrondi, mécanique, tandis que la brosse continue sa course jusqu'à l'extrême pointe. […] Plus à gauche encore, le visage ne laisse voir qu'un profil perdu[1]. Mais au-delà, c'est la surface du miroir, qui renvoie l'image du visage entier, de face, et le regard – inutile sans doute pour la surveillance du brossage – dirigé en avant comme il est naturel. »

Alain Robbe-Grillet, *La Jalousie*, 1957.

1. **Perdu :** tourné vers l'arrière.

Dans le cadre du projet de lecture « En quoi cet extrait renouvelle-t-il la description du personnage de roman ? », indiquez quels éléments littéraires vous analyseriez pour les trois axes suivants.

A. Une description externe du personnage : les limites du narrateur

B. Une description qui décompose le corps humain avec les sens

C. Renouveler le regard romanesque sur le personnage : l'anonymat

43 Préparer le commentaire d'un texte poétique

★ 1 **Anna de Noailles est une poétesse du début du XXe siècle que l'on redécouvre depuis peu. Ses poèmes, traditionnels sur le plan de la forme, se distinguent par une grande fluidité du vers et par des images évocatrices.**

Il fera longtemps clair ce soir, les jours allongent,
La rumeur du jour vif se disperse et s'enfuit,
Et les arbres, surpris de ne pas voir la nuit,
Demeurent éveillés dans le soir blanc, et songent...

Les marronniers, sur l'air plein d'or et de lourdeur,
Répandent leurs parfums et semblent les étendre ;
On n'ose pas marcher ni remuer l'air tendre
De peur de déranger le sommeil des odeurs.

De lointains roulements arrivent de la ville...
La poussière, qu'un peu de brise soulevait,
Quittant l'arbre mouvant et las qu'elle revêt,
Redescend doucement sur les chemins tranquilles.

Nous avons tous les jours l'habitude de voir
Cette route si simple et si souvent suivie,
Et pourtant quelque chose est changé dans la vie,
Nous n'aurons plus jamais notre âme de ce soir...

Anna de Noailles, « Il fera longtemps clair ce soir »,
Le Cœur innombrable, 1901.

Boîte à outils

Révisez bien les notions de versification (rime riche, pauvre, assonance, etc.) et de métrique (octosyllabe, décasyllabe, hétérométrie, césure, hémistiche, etc.) pour pouvoir commenter un texte poétique.

1. Quel est le type de vers (octosyllabe, décasyllabe, alexandrin, etc.) employé ?

....

Pourquoi, selon vous, la poétesse a-t-elle choisi ce type de vers ?

....

....

....

2. Que décrit le poème et quelle impression veut-il transmettre ?

....

....

....

3. Qu'en reste-t-il en mémoire après sa lecture ?

....

....

....

★★ **2** **Au XVᵉ siècle, la Guerre de Cent ans fait rage. Charles d'Orléans, prince de sang, a participé à la bataille d'Azincourt en 1415 et a été fait prisonnier. Il écrit ses poèmes pendant sa captivité au Royaume d'Angleterre, qui durera 25 ans.**

En la forêt d'Ennuyeuse Tristesse,
Un jour m'advint, où seul je cheminais,
Que je croisai l'Amoureuse Déesse
Qui m'appela, demandant où j'allais.
Je répondis que Fortune m'avait
Depuis longtemps exilé dans ce bois,
Et qu'à bon droit on pouvait m'appeler
L'homme égaré qui ne sait où il va.

En souriant, pleine de gentillesse,
Elle répondit : « Ami, si je savais
Pourquoi tu es mis dans cette détresse,
À mon pouvoir volontiers t'aiderais ;
Car jadis j'ai mis ton cœur dans la voie
Des plaisirs, je ne sais qui l'en ôta ;
Il me déplaît qu'à présent je te voie
L'homme égaré qui ne sait où il va. »

– « Hélas ! », dis-je, souveraine Princesse,
« Mon sort savez, pourquoi le vous dirais-je ?
C'est par la Mort qui fait à tous rudesse,
Qui m'a repris celle que tant j'aimais,
En qui était tout l'espoir que j'avais,
Qui me guidait. Tant elle m'accompagna
En son vivant, que jamais je n'étais
L'homme égaré qui ne sait où il va. »

« Aveugle suis, je ne sais où aller ;
De mon bâton, pour que je ne me fourvoie,
Je vais tâtant mon chemin çà et là ;
C'est malheureux qu'il convient que je soie
L'homme égaré qui ne sait où il va ! »

Charles d'Orléans, « En la forêt d'Ennuyeuse Tristesse », v. 1415-1440, langue modernisée.

1. Que raconte le texte ? Résumez-le en une phrase.

2. Indiquez comment la narration progresse en racontant ce que le lecteur découvre à chaque nouvelle strophe.

A. Strophe 1 :

B. Strophe 2 :

C. Strophe 3 :

D. Dernière strophe (envoi) :

3. Relevez des types de phrases, des thèmes et des champs lexicaux propres aux registres tragique et pathétique (notez les numéros de vers). → n° 28 p. 60

• Tragique :

• Pathétique :

44 Préparer le commentaire d'un texte d'idées

• La littérature d'idées est un genre littéraire qu'on appelle aussi « argumentation ».

Boîte à outils

Pour commenter des textes de littérature d'idées, il ne suffit pas de relever les figures de style, de faire des remarques de grammaire ou de situer le propos dans le contexte de l'œuvre et de sa rédaction : il faut aussi et d'abord **prêter attention à la construction de son argumentation**.

★ 1 **Marcel Proust était romancier mais aussi critique. Dans cet article sur le style de Flaubert, il prend fait et cause pour cet auteur du XIXe siècle malgré les aspérités de son écriture.**

[...] il n'est pas possible à quiconque est un jour monté sur le grand Trottoir roulant que sont les pages de Flaubert, au défilement continu, monotone, morne, indéfini, de méconnaître qu'elles sont sans précédent dans la littérature. Laissons de côté, je ne dis même pas les simples inadvertances, mais la correction grammaticale ; c'est une qualité utile mais négative (un bon élève, chargé de relire les épreuves de Flaubert, eût été capable d'en effacer bien des fautes). En tous cas il y a une beauté grammaticale (comme il y a une beauté morale, dramatique, etc.) qui n'a rien à voir avec la correction. C'est d'une beauté de ce genre que Flaubert devait accoucher laborieusement.

Marcel Proust, « À propos du "style" de Flaubert », *La Nouvelle Revue Française*, 1920.

1. **Quelle est la thèse déniée par Proust ?** ....

....

2. **Quelle thèse défend-il ?** ....

....

3. **Mettez entre crochets les arguments de la thèse défendue et soulignez les exemples.**

4. **À quelle forme de la littérature d'idées (essai, discours, dialogue philosophique, conte philosophique, etc.) peut-on rattacher ce texte ?** ....

★★ 2 **Émile Zola était journaliste et écrivain. Particulièrement sensible à la critique littéraire, qui est diffusée notamment dans les revues, il rejette la pertinence de la critique subjective.**

Je ne cesserai de le répéter, la critique, telle qu'elle est exercée, me paraît être une monstrueuse injustice. En dehors de l'observation, de la simple constatation du fait, en dehors de l'historique et de l'analyse exacte des œuvres, tout n'est que bon plaisir, fanatisme ou indifférence. Il ne doit pas y avoir de dogme littéraire ; chaque œuvre est indépendante et demande à être jugée à part. La science du beau est une drôlerie inventée par les philosophes pour la plus grande hilarité des artistes. Jamais on n'obtiendra une vérité absolue, en cette matière, parce que l'ensemble de toutes les vérités passées ne peut constituer qu'une vérité relative que viendra rendre fausse la vérité de demain.

Émile Zola, « Les Chansons des rues et des bois », *Mes haines*, 1866.

1. **Entourez dans le texte les marques du « je » et encadrez celles employées pour parler des autres.**

2. **En quoi l'opinion défendue est-elle présentée à la fois comme objective et subjective ?**

3. **Soulignez de deux couleurs le vocabulaire mélioratif et le vocabulaire péjoratif.**

4. **En quoi ce texte relève-t-il du registre polémique ?**

★★★ **3** **Étienne de La Boétie, grand ami de Michel de Montaigne, rédige dans sa jeunesse un ouvrage politique dans lequel il analyse les raisons pour lesquelles un régime, même tyrannique, reste en place. Selon lui, la servitude du peuple est volontaire : il suffit que le peuple se révolte et se soulève pour que le tyran soit renversé puisque le peuple est en supériorité numérique.**

Ce ne sont pas les bandes des gens à cheval, ce ne sont pas les compagnies des gens de pied, ce ne sont pas les armes qui défendent le tyran. On ne le croira pas du premier coup, mais certes cela est vrai : ce sont toujours quatre ou cinq qui maintiennent le tyran. Toujours il s'est trouvé que cinq ou six ont eu l'oreille du tyran, et s'y sont approchés d'eux-mêmes, ou bien ont été appelés par lui, pour être les complices de ses cruautés, les compagnons de ses plaisirs, les maquereaux de ses voluptés, et communs aux biens de ses pilleries. Ces six dressent si bien leur chef, qu'il faut pour la société qu'il soit méchant, non pas seulement par ses méchancetés mais encore par les leurs. Ces six ont six cents qui profitent sous eux, et font de leurs six cents ce que les six font au tyran. Ces six cents en tiennent sous eux six mille, qu'ils ont élevés au pouvoir, auxquels ils font donner ou le gouvernement des provinces, ou le maniement des deniers, afin qu'ils tiennent la main[1] à leur avarice et cruauté, qu'ils exécutent celles-ci quand il est temps, et qu'ils fassent tant de maux par ailleurs qu'ils ne puissent se maintenir que sous l'ombre de leurs supérieurs, ni s'exempter des lois et des punitions que par eux. Grande est la suite qui vient après cela, et qui voudra s'amuser à dévider ce filet, il verra que non pas les six mille, mais les cent mille, mais les millions par cette corde se tiennent au tyran.

Étienne de La Boétie, *Discours de la servitude volontaire*, 1576.

1. **Tiennent la main** : participent.

Relevez au brouillon les éléments du texte à analyser dans les trois axes de lecture suivants.

A. **Contredire une idée courante : le tyran est soutenu par le peuple.**

B. **Les procédés de l'argumentation : de l'écriture poétique au vertige des nombres.**

C. **Créer la honte et l'indignation chez le public pour le faire réagir.**

45 Lire et analyser un sujet de dissertation

• Un sujet de dissertation est **composé d'un ou plusieurs mots-clés**.

• Certains sont des mots techniques qui appartiennent au champ littéraire (poète, comédie) ; d'autres sont des mots importants, mais qui n'appartiennent pas seulement au champ littéraire (favoriser, renouveler, etc.). Cette deuxième sorte de mots peut être tirée du parcours de lecture (alchimiste, valet).

• Pour **analyser un sujet de dissertation**, il faut **repérer les mots-clés et les définir**.

• Pour cela, vous devez **prendre le temps de noter ces mots-clés** sur votre brouillon et de rédiger vos **définitions** sous la forme d'une phrase.

★ 1 SUJET 1 **En quoi le poète, Baudelaire, fait-il un travail d'alchimiste du langage dans *Les Fleurs du Mal* ?**

Boîte à outils

Attention ! Le titre d'un ouvrage et le nom d'un auteur ne sont pas des mots-clés, car on n'a pas besoin de les définir.

1. **Déterminez les mots clés de ce sujet et donnez-en une définition.**

2. **Quel type de plan faut-il adopter pour y répondre : dialectique (thèse / antithèse / synthèse) ou qui propose plusieurs pistes de réponses (réponse 1 / réponse 2 / réponse 3) ?** → n° 46 p. 96

★★ 2 SUJET 2 ***Le Mariage de Figaro* de Beaumarchais renouvelle-t-il le genre de la comédie de valet ?**

1. **Comment définissez-vous la « comédie de valet » ?**

2. **Quel est le lien entre la pièce de Beaumarchais et ce genre théâtral ?**

3. **Connaissez-vous la définition de « renouveler » ?**
Si ce n'est pas le cas, cherchez-la dans un dictionnaire et reformulez-la ci-dessous.

★★★ **3** SUJET 3 **En quoi la réflexion suivante vous semble-t-elle rejoindre votre lecture de *La Princesse de Clèves* ?**

> Mme de La Fayette a mis en balance l'injustice d'une condition malheureuse et le désordre des passions [...] et a choisi l'injustice qui ne dérange rien.
>
> Albert Camus, « Problèmes du roman », *Confluences*, n° 21-24, juillet-août 1943.

1. Soulignez les mots de la citation d'Albert Camus que vous ne comprenez pas et cherchez-en la définition dans le dictionnaire.

....

....

....

....

2. Que veut dire pour vous « rejoindre votre lecture » ? En cas de doute, cherchez la définition du verbe « rejoindre » dans le dictionnaire.

....

....

....

....

3. De combien d'idées est composée la phrase de Camus ? ....

4. Cette construction de la phrase de Camus peut-elle vous donner une piste pour bâtir votre plan en réponse à ce sujet de dissertation ?

....

....

....

5. Proposez un plan détaillé de dissertation pour le sujet.

....

....

....

....

....

....

....

....

★★★ **4** **Choisissez un de sujets suivants et traitez-le.**

SUJET 4 : **Les comédies de Molière sont-elles avant tout des spectacles ?**

SUJET 5 : **Le théâtre contemporain est-il le lieu où le conflit se montre ?**

46 Bâtir et développer le plan d'une dissertation

• Le plan d'une dissertation est, comme son nom l'indique, ce qui permet de la **construire**. Il doit être **logique** et **cohérent**.

• Traditionnellement, une dissertation **comporte trois parties** mais il est parfois possible de n'en faire que deux.

• Selon que votre sujet est posé par **une question totale ou fermée** (à laquelle on répond par *oui* ou *non* ; *Ex. : Est-ce le cas de tous les grands romans ? Oui.*) ou **une question partielle ou ouverte** (à laquelle on peut proposer plusieurs réponses ; *Ex. : Qui incarne le héros tragique ? Britannicus, Néron, Junie, etc.*), **vous n'adopterez pas le même plan** :
– Question fermée → plan qui expose la **réponse positive**, puis la **réponse négative**, et qui cherche une **manière de dépasser** cette opposition dans la troisième partie (facultatif). C'est le plan dialectique. → n° 53 p. 110 ex. 1
– Question ouverte → plan qui présente **une réponse différente par partie**.

★ **1** **SUJET 1 Mme de La Fayette présente dans *La Princesse de Clèves* une héroïne dont les passions s'opposent à la morale de la société dans laquelle elle vit : est-ce le cas de tous les grands romans ?**

1. Sur quoi porte ce sujet : la *Princesse de Clèves* ou les grands romans ? Justifiez votre réponse.

....

....

....

....

2. La question posée est-elle ouverte ou fermée ? ....

3. Quel type de plan faut-il adopter pour y répondre : dialectique (thèse / antithèse / synthèse) ou qui propose plusieurs pistes de réponses (réponse 1 / réponse 2 / réponse 3) ?

....

....

....

★★ **2** **SUJET 2 Qui incarne le héros tragique dans *Britannicus* ?**

1. La question posée est ouverte / fermée (barrez la mauvaise réponse).
Si elle était ouverte / fermée (barrez la mauvaise réponse), comment serait-elle formulée ?

....

....

....

2. Quel type de plan faut-il adopter pour répondre aux différentes formulations de cette question ?

• Formulation en question ouverte → le plan sera : ....

....

....

....

• Formulation en question fermée → le plan sera : ....

....

....

....

3. *Britannicus* est une pièce de théâtre dans laquelle se trouvent plusieurs personnages importants : Britannicus, Néron, Junie, Agrippine...
À partir de cette précision, comment élaboreriez-vous un plan pour cette dissertation ?

★★★ 3 SUJET 3 Quelles visions de la modernité sont développées par Apollinaire dans *Alcools* ?

1. Quel type de plan faut-il adopter pour traiter ce sujet de dissertation ? Justifiez votre réponse.

2. Quels sont les termes clés du sujet ?

3. Comment les définissez-vous ? Si vous avez un doute, consultez un dictionnaire et recopiez-en les définitions.

4. Quand on parle de modernité en poésie, à quoi fait-on référence en parlant du vers et des rimes ?

5. Et en parlant du choix du sujet ?

6. À partir de ces pistes, élaborez un plan qui réponde à ce sujet.

47 Rédiger un paragraphe

- Un paragraphe se présente comme un **bloc de texte**, souvent commencé par un alinéa, et au terme duquel on va à la ligne.
- Dans le cadre d'une dissertation, **le paragraphe doit être argumenté**, c'est-à-dire qu'il doit **défendre une idée précise** au moyen d'un argument, lequel sera illustré par un exemple ou une citation.
- Un paragraphe argumenté doit **se finir par une phrase de conclusion** qui revient, après cet exemple ou cette citation, à l'argument défendu pour attester qu'il a bien été traité.
- Une dissertation présente un propos qui se veut objectif : on n'y emploie pas le « je » ; tout au plus peut-on avoir recours au « nous » scientifique.

Boîte à outils

Attention ! Il ne sert à rien de commenter ce que vous êtes en train de faire quand vous rédigez votre dissertation. N'écrivez pas : « je vais commencer par la première partie » ou « je vais à présent faire ma conclusion ».

★ 1 SUJET 1 **Les *Fables* de La Fontaine donnent-elles une plus grande place à l'imagination ou à la pensée, à la raison ?**

I. Les *Fables* donnent plus de place à l'imagination.
I. 1. L'emploi de la personnification d'animaux mobilise l'imagination du lecteur.

Vous allez devoir rédiger la sous-partie 1.

1. **Notez la définition de « personnification » : en quoi cette figure de style s'applique-t-elle aux *Fables* de La Fontaine ?**

....

....

....

....

2. **À quelle fable pensez-vous pour trouver des exemples de personnification ?**

....

3. **Relisez-la et extrayez-en un exemple de personnification d'animal.**

....

4. **Rédigez la sous-partie.**

A. **Commencez par une phrase d'introduction annonçant l'idée défendue.**

....

....

....

B. **Donnez ensuite en exemple une fable que vous résumez et à propos de laquelle vous proposez une personnification.**

....

....

....

....

....

....

....

C. Analysez cette personnification.

....

....

....

....

....

D. Concluez enfin par une phrase confirmant que vous avez démontré l'idée annoncée.

....

....

....

★★ 2 **SUJET 2 Que montre la pièce *Oh les beaux jours* de Samuel Beckett de la condition de l'être humain ?**

I. *Oh les beaux jours* montre la difficulté des êtres humains à communiquer.

I. 1. Winnie parle toute seule.

Vous allez devoir rédiger la sous-partie 1.

1. Dans la pièce, quels passages illustrent la tendance de Winnie à parler toute seule ?

....

....

....

....

....

2. Dans ce passage, placez entre crochets des citations que vous pourrez utiliser en exemple.

Winnie. – Où est-ce que tu étais tout ce temps ? *(Un temps.)* Qu'est-ce que tu faisais tout ce temps ? *(Un temps.)* Ta toilette ? *(Un temps.)* Tu ne m'as pas entendue crier ? *(Un temps.)* Tu t'étais coincé dans ton trou ? *(Il lève les yeux vers elle.)* C'est ça, Willie, regarde-moi. *(Un temps.)* Repais tes vieux yeux, Willie. *(Un temps.)* Il en reste quelque chose ? *(Un temps.)* Quelques restes ? *(Un temps.)* Je n'ai pas pu refaire ma beauté, tu sais. *(Il baisse la tête.)* Toi tu es encore reconnaissable, en un sens. *(Un temps.)* Tu penses venir vivre de ce côté maintenant… une petite saison peut-être ? *(Un temps.)* Non ? *(Un temps.)* Tu ne faisais que passer ? *(Un temps.)* Tu es devenu sourd, Willie ? *(Un temps.)* Muet ? *(Un temps.)* Oh je sais, tu n'as jamais été causant, Winnie sois à moi je t'adore et finie fleurette, la parole est aux offres et demandes. *(Yeux de face.)* Enfin quelle importance, ça aura été quand même un beau jour, après tout, encore un. *(Un temps.)*

Samuel Beckett, *Oh les beaux jours*, II, 1961.

3. Au brouillon, rédigez la sous-partie 1.

A. Commencez par une phrase d'introduction annonçant l'idée défendue.

B. Donnez ensuite en exemple un passage que vous présentez et duquel vous tirez une citation.

C. Analysez cette citation.

D. Concluez enfin par une phrase confirmant que vous avez démontré l'idée annoncée.

48 Intégrer des citations et des références

Un **paragraphe argumenté** doit comporter au moins un **exemple**.

Cet exemple consiste en une **citation** (*Ex.* : « Il n'y a que les petits hommes qui redoutent les petits écrits. »), le **résumé** d'un passage d'une œuvre (*Ex.* : « Dans *La Princesse de Clèves*, le duc de Nemours et la Princesse se rencontrent lors d'un bal et dansent ensemble sans se connaître. ») ou l'**analyse d'un terme** associé à une œuvre (*Ex.* : « Montaigne intitule son ouvrage *Essais* et invente en cela un genre littéraire nouveau. »).

Boîte à outils

Une citation doit apparaître entre guillemets et le texte doit être recopié à l'identique ! Si vous le pouvez, citez l'endroit exact d'où elle est tirée (acte et scène pour une pièce de théâtre, titre du poème en poésie, chapitre et partie pour un roman, etc.).

★★ **1** ***L'Ingénu*** **de Voltaire est-il totalement représentatif de l'esprit des Lumières ?**

I. *L'Ingénu* de Voltaire n'est pas totalement représentatif de l'esprit des Lumières.
II. Par certains points, *L'Ingénu* se situe dans la tradition du récit de voyage.

1. Parmi les citations suivantes tirées de *L'Ingénu*, entourez celles qui évoquent le récit de voyage.

A. « Une chose me frappe surtout dans cette ancienne histoire de la Chine, c'est que presque tout y est vraisemblable et naturel. Je l'admire en ce qu'il n'y a rien de merveilleux. »

B. « On condamne les hommes sans les entendre ! Il n'en est pas ainsi en Angleterre. Ah ! ce n'était pas contre les Anglais que je devais me battre. »

C. « L'Ingénu, dans le combat, avait ramassé une grosse bourse remplie de guinées, que probablement l'amiral avait laissée tomber. »

D. « Mlle de Saint-Yves était fort curieuse de savoir comment on faisait l'amour au pays des Hurons. "En faisant de belles actions, répondit-il, pour plaire aux personnes qui vous ressemblent" ».

2. En quoi chacune des citations que vous avez entourées évoque-t-elle un voyage et le genre du récit de voyage ?

- ……………………………………………………………………………………
……………………………………………………………………………………
- ……………………………………………………………………………………
……………………………………………………………………………………
- ……………………………………………………………………………………
……………………………………………………………………………………

3. Choisissez l'une de ces trois citations et analysez-la au niveau du style et de la grammaire.

……………………………………………………………………………………
……………………………………………………………………………………
……………………………………………………………………………………
……………………………………………………………………………………

4. Réunissez tous ces éléments en les rédigeant dans un paragraphe argumenté.

……………………………………………………………………………………
……………………………………………………………………………………
……………………………………………………………………………………
……………………………………………………………………………………

★★ **2** SUJET **« La modernité poétique que l'on associe à l'œuvre d'Apollinaire signifie-t-elle une rupture avec l'héritage poétique européen ? »**
Vous répondrez dans un développement structuré et argumenté, en vous appuyant sur votre lecture d'*Alcools*, sur les textes étudiés en classe et sur vos lectures et votre culture personnelles.

1. **Vous devez traiter une des parties de cette dissertation. Cette partie montrera que la modernité d'*Alcools* signifie bien une rupture avec l'héritage poétique européen. Dites en quoi ces passages d'*Alcools* évoquent cette rupture.**

Un soir de demi-brume à Londres
Un voyou qui ressemblait à
Mon amour vint à ma rencontre
Et le regard qu'il me jeta
Me fit baisser les yeux de honte
(« La chanson du mal aimé »)

....

....

Le Rhin le Rhin est ivre où les vignes se mirent
Tout l'or des nuits tombe en tremblant s'y refléter
(« Nuit rhénane »)

....

....

2. **Extrayez une citation de chacun de ces passages, puis choisissez la plus pertinente des deux.**

- ....

....

- ....

....

3. **Analysez les deux citations choisies sur le plan du style et de la grammaire.**

....

....

....

....

....

4. **Réunissez ces éléments en les rédigeant dans un paragraphe argumenté qui reprend vos citations d'Apollinaire et du texte étudié en classe.**

....

....

....

....

....

....

....

....

....

....

....

49 Comprendre le fonctionnement d'un texte

Pour comprendre le fonctionnement d'un texte, identifiez sa **situation d'énonciation**, c'est-à-dire qui parle à qui. Ces éléments se détectent grâce aux pronoms personnels employés.

Repérez également les **idées défendues** dans le texte : y en a-t-il une ou plusieurs ?

Enfin, relevez les **procédés d'écriture** utilisés par l'auteur : a-t-il recours aux répétitions ? à l'anaphore, aux métaphores ou aux comparaisons ? etc.

L'auteur peut également utiliser des **modalisateurs** pour affirmer, réfuter ou nuancer une thèse : cherchez dans son texte des verbes d'opinion, des adverbes de doute (peut-être), des termes à connotation positive ou négative, des phrases interrogatives (voire des questions rhétoriques), etc.

★ **1 Antonin Artaud a inventé le théâtre de la cruauté, forme théâtrale dans laquelle le dramaturge met en avant les mots pour traduire la violence du monde cependant que les acteurs mettent en avant leur corps. Se voulant du côté de la modernité, Artaud a réfléchi au sens des œuvres du passé, pour nous, aujourd'hui.**

Les chefs-d'œuvre du passé sont bons pour le passé : ils ne sont pas bons pour nous. Nous avons le droit de dire ce qui a été dit et même ce qui n'a pas été dit d'une façon qui nous appartienne, qui soit immédiate, directe, réponde aux façons de sentir actuelles et que tout le monde comprendra. [...]

Si la foule ne vient pas aux chefs-d'œuvre littéraires, c'est que ces chefs-d'œuvre littéraires, c'est-à-dire fixés, et fixés en des formes qui ne répondent plus aux besoins du temps. Loin d'accuser la foule et le public, nous devons accuser l'écran formel que nous interposons entre nous et la foule. (108 mots)

Antonin Artaud, « Pour en finir avec les chefs-d'œuvre »,
Le Théâtre et son double, 1938.

1. Entourez en rouge dans le texte le lexique à valeur de blâme.

2. Entourez en bleu dans le texte tous les « nous ». Qui désignent-ils ?

....

....

3. Étudiez la progression logique des deux paragraphes en résumant en une phrase courte l'idée que chacun défend.

- Paragraphe 1 : ....

....

- Paragraphe 2 : ....

....

★★ **2 Isabelle Taubes s'interroge sur le rapport de la télé-réalité au vrai et au faux. Dans l'émission *Big Brother*, les candidats vivent enfermés dans une villa sous surveillance caméra. Cette émission est-elle un vol d'intimité à travers un scénario factice, ou bien une véritable expérience de vie sans rapport avec la fiction ?**

Janine Bouchard, psychothérapeute, se dit choquée par l'agressivité larvée de « Big Brother » : « Son nom, tiré du roman d'anticipation de Georges Orwell, *1984*, renvoie à un univers de violence psychologique où l'intimité est interdite, où chacun espionne tout le monde, où les individus sont réduits au statut de cobayes de laboratoire. »
Les participants ressentent-ils cette violence ? « J'ai vendu mon intimité pour un certain laps de temps, c'est tout », jurait en septembre, sur le plateau de l'émission de Mireille Dumas « Vie privée, vie publique », un ancien participant du Big Brother espagnol, très loin de penser qu'il avait vendu un bien en principe inaliénable. « J'ai partagé une expérience passionnante avec d'autres personnes. Je n'ai montré que la "vraie vie" », affirmait le jeune homme. Le mot est lâché ! « Nous aimons « Big Brother » parce que nous y voyons de vrais gens dans la vraie vie ! », expliquent les téléspectateurs. Le quotidien dans sa banalité. (173 mots)

Isabelle Taubes, « Télé-réalité : la fausse vie des vrais gens », *Psychologies*, 2011.

1. Mettez entre crochets toutes les citations au discours direct, en soulignant leurs énonciateurs.

2. Formulez les deux thèses du texte en une phrase courte.

- Thèse 1 : ....
- Thèse 2 : ....

★★★ 3

L'idée selon laquelle les frontières de la fiction auraient disparu ou seraient définitivement brouillées est largement répandue.
[...] D'ailleurs, dans un monde tantôt pensé en termes de globalité, tantôt comme « plurivers », qu'a-t-on à faire de « frontières » ? Le terme lui-même a mauvaise presse, il semble importer au sein de la théorie littéraire des conflits d'un autre ordre. Lorsque Thomas Pavel appelle « ségrégationnistes » ceux qui insistent sur la différence entre fait et fiction et « intégrationnistes » ceux qui ne le font pas, on pourrait entendre que les premiers seraient des gardiens rébarbatifs de la frontière d'un pays peu accueillant à l'égard de la diversité et du métissage.
Ce livre est consacré à l'examen de cette situation, à la contestation de ce constat et à la dissipation de ce soupçon. [...] [N]ous montrerons l'existence et la nécessité cognitive, conceptuelle et politique des frontières de la fiction. (153 mots)

Françoise Lavocat, *Fait et Fiction, pour une frontière*, 2016.

Dans le tableau ci-dessous, relevez les éléments demandés.

• **Paragraphe 2** **Idée à laquelle l'autrice s'oppose** (discours indirect libre, lexique dépréciatif)	
• **Paragraphe 3** **Affirmation de la thèse** (temps verbaux, formules affirmatives)	

50 Repérer la progression d'une argumentation

L'exercice de la contraction porte toujours sur un **texte d'idées**.

Vous devrez donc être **attentif à la stratégie argumentative** de l'auteur. Vous allez vous **poser des questions sur ses idées** et **réfléchir à la construction de l'argumentation** :

1. déterminer quelle est la thèse défendue par l'auteur ···> trouvez l'opinion que présente l'auteur et qu'il argumente ;

2. identifier l'argument ···> trouvez une raison pour laquelle l'avis présenté est tenu pour vrai ;

3. repérer l'exemple ···> trouvez un élément qui illustre l'argument et prouve sa validité.

Boîte à outils

Dans une contraction de texte, on ne conserve pas les exemples, sauf s'ils sont indispensables à la compréhension du texte.

★ **1** ***La Femme au foyer* fait partie des manuels de bonne conduite destinés aux jeunes filles, un genre éditorial particulièrement en vogue du début du XIXe siècle au milieu du XXe siècle. Paru en 1946, ce manuel fait l'éloge des tâches ménagères de la mère au foyer.**

Jeunes filles, qui demain serez des femmes, prenez conscience de la beauté de votre tâche, tâche de choix où l'esprit et le goût peuvent s'employer d'une façon continue, où le cœur s'élargit, où la vie est multipliée ; tâche admirable par l'idéal qui l'inspire et le but qu'elle se propose. […] Quels que soient ses dons intellectuels ou artistiques, une femme peut faire plus, elle ne peut faire mieux que fonder un foyer ; aussi fera-t-elle sagement d'y demeurer si la nécessité ne l'oblige pas à travailler au-dehors. […] Si vous avez assez pour mener une vie saine, bien que simple, n'allez pas sacrifier le vrai bonheur à la recherche de jouissances que le snobisme surtout rend désirables. (118 mots)

Mme Foulon-Lefranc, *La Femme au foyer*, 1946.

1. Mettez entre crochets en rouge la thèse défendue, en bleu les arguments, en vert les exemples.

2. Soulignez en noir une énumération qui vise à persuader par les émotions et qui pourra être supprimée dans la contraction.

3. Trouvez dans le texte un exemple de relation :

– de conséquence → n° **13** p. 30 : ……………………………………

– d'opposition → n° **15** p. 34 : ……………………………………

– d'addition (introduite par *et, aussi, de plus*, etc.) : ……………………………………

– d'illustration (introduite par *par exemple*) : ……………………………………

★★ **2** **Pierre Bourdieu est un sociologue français du XXe siècle. Dans *La Domination masculine*, il étudie les différents avantages accordés aux hommes et les idées qui les accompagnent.**

L'accès au pouvoir, quel qu'il soit, pose les femmes en situation de *double bind*[1] : si elles agissent comme des hommes, elles s'exposent à perdre les attributs obligés de la « féminité » et elles mettent en question le droit naturel des hommes aux positions de pouvoir ; si elles agissent comme des femmes, elles paraissent incapables ou inadaptées à la situation. […] Cette combinaison contradictoire d'ouverture et de fermeture, de retenue et de séduction, est d'autant plus difficile à réaliser qu'elle est soumise à l'appréciation des hommes qui peuvent commettre des erreurs d'interprétation inconscientes ou intéressées. C'est ainsi que, comme l'observait une informatrice, devant les plaisanteries sexuelles, les femmes n'ont souvent d'autre choix que de s'exclure ou de participer, au moins passivement, pour essayer de s'intégrer, mais en s'exposant alors à ne plus pouvoir protester si elles sont victimes du sexisme ou du harcèlement sexuel. (149 mots)

Pierre Bourdieu, *La Domination masculine*, 1998.

1. ***Double bind*** : injonctions contradictoires.

1. Mettez entre crochets en rouge la thèse défendue, en bleu les arguments, en vert les exemples ou les témoignages convoqués.

2. Reformulez les deux arguments majeurs du texte en quelques mots.

- Argument 1 : ……………………………………………………………
- Argument 2 : ……………………………………………………………

3. Soulignez dans le texte un exemple de relation :
de cause → n° **13** p. 30 ; de conséquence → n° **13** p. 30 ; d'opposition → n° **15** p. 34

★★ **3** **Dans *Une chambre à soi*, Virginia Woolf s'adresse aux femmes qui souhaiteraient écrire et voir les écrivaines promues. Elle leur propose une méthode pour y parvenir.**

Je vous ai dit au début de cette conférence que Shakespeare avait une sœur […]. Cette sœur de Shakespeare mourut jeune… hélas, elle n'écrivit jamais le moindre mot. […] Or j'ai la conviction que cette poétesse, qui n'a jamais écrit un mot […], vit encore. Elle vit en vous et en moi, et en nombre d'autres femmes qui ne sont pas présentes ici ce soir, car elles sont en train de laver la vaisselle et de coucher les enfants. Mais elle vit ; car les grands poètes ne meurent pas ; ils sont des présences éternelles ; ils attendent simplement l'occasion pour apparaître parmi nous en chair et en os. Cette occasion, je le crois, il est à présent en votre pouvoir de la donner à la sœur de Shakespeare. Car voici ma conviction : si nous vivons encore un siècle environ […] et que nous avons toutes cinq cents livres de rente et des chambres qui soient à nous seules ; si nous acquérons l'habitude de la liberté et le courage d'écrire exactement ce que nous pensons […] alors l'occasion se présentera pour la poétesse qui était la sœur de Shakespeare de prendre cette forme humaine à laquelle il lui a si souvent fallu renoncer. (206 mots)

Virginia Woolf, *Une chambre à soi*, 1929.

Décrivez en quelques mots les étapes argumentatives de ce texte.

- Introduction d'un conseil : ……………………………………………………………
- Exemple de la sœur de Shakespeare : ……………………………………………………………
- Argument de l'immortalité des poètes : ……………………………………………………………
- Conseil concernant la conduite à suivre : ……………………………………………………………

51 Hiérarchiser les arguments d'un texte

Une fois que vous avez repéré **la thèse du texte, ses arguments et ses exemples**, il vous faudra choisir **les idées que vous conserverez** dans la contraction de texte :

1. Identifiez les exemples et les citations : les exemples purement illustratifs et les citations seront supprimés de la contraction de texte.

2. Distinguez les arguments principaux et secondaires : parmi les arguments développés par l'auteur du texte, repérez les plus importants : ce seront les seuls à être conservés.

3. Élaborez la structure de la contraction : si certains arguments ont été enlevés, il faut vérifier que la contraction de texte **reste compréhensible**. Vous identifierez donc plusieurs étapes dans le texte, correspondant aux différents arguments, et vous les présenterez dans des paragraphes différents.

Boîte à outils

Le nombre de paragraphes de la contraction ne sera pas forcément le même que celui du texte original.

★ **1 La critique littéraire consiste à donner l'avis d'un lecteur avisé sur un texte littéraire. L'auteur de cette critique doit avoir une certaine connaissance de la littérature, mais il doit aussi reconnaître qu'il n'est pas auteur et comprendre la différence qui existe entre lui et un écrivain.**

[U]n critique est quelqu'un qui n'est pas capable de voir directement certaines choses. Il ne peut les voir qu'indirectement, […] grâce à l'action d'un autre, qui est l'auteur « critiqué ». Un aveugle à qui des yeux sont prêtés, un sourd qui acquiert la faculté d'entendre, un non-poète qui reçoit le don de poésie, voilà ce que c'est qu'un critique. Bref, en en devenant un, j'accède d'abord à toute une richesse objective que je percevais très mal ou pas du tout directement, mais j'accède encore à une subjectivité seconde. Disons, en somme, que je me remplace par meilleur que moi. Je troque mon être à moi, dont je ne connais que trop les limitations et les sottises, contre un autre être qui a l'avantage d'être à la fois autre et moi. Ses façons de sentir, de penser, de parler, deviennent miennes, donc familières, sans cesser pourtant d'être non miennes et par conséquent étranges. Être critique, c'est se trouver la proie d'une sorte de phénomène de paramnésie, où la chose que l'on voit, l'être que l'on est, c'est à la fois du déjà vu et du jamais vu. (188 mots)

Georges Poulet, *Les Chemins actuels de la critique*, 1968.

1. Dans le texte, mettez entre crochets tous les exemples qui peuvent être supprimés.

2. Barrez en rouge toutes les expressions qui répètent plusieurs fois la même idée.

3. Mettez entre parenthèses tous les adverbes de modalisation (*sans doute, peut-être*) ou de reformulation (*en somme*).

4. Reformulez en quelques mots les différents arguments du texte, en supprimant toutes les répétitions. Indiquez à leur suite entre parenthèses les exemples convoqués, sous forme de mots-clés.

- Du début à « qu'un critique » (l. 1-5) : ……………………………………
- De « Bref » à « seconde » (l. 5-7) : ……………………………………
- De « Disons » à « autre et moi » (l. 7-10) : ……………………………………
- De « Ses façons » (l. 10) à la fin : ……………………………………

★★ **2** **Umberto Eco est un célèbre romancier (*Le Nom de la Rose*) et spécialiste du fonctionnement des langues (sémiologue). Croisant ces deux activités, il expose dans *Confessions d'un jeune romancier* son point de vue sur les personnages de fiction : ils semblent si proches de nous que nous venons à penser que nous sommes, nous aussi, des personnages de roman.**

La triste expérience de découvrir qu'en dépit de nos souhaits Hamlet, Robert Jordan et le prince Andreï sont voués à la mort – que les choses se passent d'une certaine façon et ainsi pour toujours, en dépit des aspirations et des espoirs que nous formons au cours de notre lecture – nous fait trembler comme si nous sentions sur nous le doigt du destin. Nous prenons conscience que nous ne pourrons jamais savoir si le capitaine Achab, [dans *Moby Dick*,] capturera la baleine blanche. […] Ce que les grandes tragédies ont d'irrésistible procède du fait que leurs héros, au lieu d'échapper à un destin atroce, plongent au fond de l'abîme (qu'ils ont en général creusé de leurs propres mains) parce qu'ils n'ont aucune idée de ce qui les attend ; et nous, qui voyons clairement vers quoi ils courent comme des aveugles, nous ne pouvons pas les arrêter. […] Mais pour peu que nous comprenions véritablement leur destin, nous commençons à soupçonner que nous aussi, citoyens de l'ici-et-maintenant, nous rencontrons souvent notre destin tout simplement parce que nous pensons notre monde comme les personnages de fiction pensent le leur. […] Voilà pourquoi les grands personnages de fiction deviennent si souvent de suprêmes exemples de la condition humaine « réelle ». (210 mots)

Umberto Eco, *Confessions d'un jeune romancier*, 2011.

Décrivez le contenu des trois parties de ce texte.

a. **Du début à « les arrêter » :**

- 1re formulation, du début à « blanche » (l. 1-7) : ....

....

- 2de formulation, de « Ce que » à « les arrêter » (l. 7-11) : ....

....

b. **De « Mais pour peu » à « le leur » (l. 11-15) :** ....

....

c. **De « Voilà pourquoi » (l. 15) à la fin :** ....

....

....

★★★ **3** **Corrigez la contraction proposée ci-dessous pour le texte de Pierre Bourdieu, *La Domination masculine*, étudié en fiche 50, p. 105, afin de la réduire à 53 mots maximum. Mettez entre parenthèses les informations et arguments secondaires qui peuvent être supprimés, rayez les expressions redondantes, puis rédigez une nouvelle contraction au propre, sur une feuille ou dans votre cahier.**

Contraction proposée

L'accès au pouvoir place les femmes en situation de *double bind*, où elles ne peuvent adopter ni les attitudes de la masculinité (ce qui fragilise les hommes), ni celles de la féminité (ce qui les discrédite). Le marché des biens symboliques, soumis à l'appréciation potentiellement erronée des hommes, les pousse à plaire et en même temps à repousser les manœuvres de séduction. Face aux plaisanteries sexuelles, elles n'ont d'autres choix que de s'exclure du groupe, ou bien d'y participer au risque de ne plus pouvoir protester contre le sexisme ou le harcèlement sexuel. (93 mots)

52 Reformuler avec concision

• Pour réussir une contraction de texte, il faut **savoir analyser et rédiger un texte**. Pour cela, il est important d'**être précis** tout en respectant le nombre de mots demandés. Pour y parvenir, vous pouvez modifier la manière dont les phrases sont construites, par exemple en regroupant des idées.

Les erreurs à éviter

- **Ne reprenez pas les termes du texte**, sauf s'ils sont impossibles à reformuler.
- **Ne donnez pas votre avis** sur le texte.
- **Faites attention à bien comprendre le texte**, à **ne pas faire de contresens** (dire le contraire de ce que le texte dit) ni **de faux-sens** (dire autre chose que ce que le texte dit).
- **Veillez à ne pas dépasser le nombre de mots** demandés.

★ **1** **À partir du plan du texte d'Umberto Eco proposé dans la fiche 51, p. 107, rédigez une contraction de ce texte de 32 à 73 mots (moyenne : 52 mots).**

Boîte à outils

Utilisez les mots-clés, économisez vos mots et faites des phrases courtes pour plus de clarté. Attention : tout commentaire subjectif est interdit.

....

....

....

....

....

....

....

....

★★ **2** **Nathalie Sarraute, autrice du XXe siècle, a écrit des romans mais aussi de la critique littéraire. Dans ce texte, elle réfléchit aux modèles du passé qui valent encore pour les écrivains modernes. Construisez le plan de ce texte.**

Les œuvres vivantes n'en finissent pas d'agiter la littérature et d'infléchir son cours. Périodiquement, elles sortent de leur éloignement pour revenir se jeter dans la bagarre, prendre part aux luttes du moment, se ranger dans l'un ou l'autre camp et participer à sa défaite ou à sa victoire.
Il en était ainsi de Stendhal, au lendemain de la dernière guerre. Son style sec, direct, parfaitement naturel et comme allant de soi, pur de toute redondance, dénué de toute coquetterie, dépouillé à l'extrême, transparent, invisible, qu'on traverse pour atteindre le but vers lequel de toute urgence on se sent poussé, était considéré comme le modèle de l'écriture la plus moderne. Le dernier cri. Des écrivains parmi les plus réputés n'hésitaient pas à le pasticher, à la grande satisfaction des critiques et des directeurs de revues.
En ce moment, notre maître à tous, c'est Flaubert. Sur son nom l'unanimité s'est faite : il est précurseur du roman actuel. (156 mots)

Nathalie Sarraute, « Flaubert le précurseur », *Preuves*, 1965.

1. **Mettez entre crochets en rouge la thèse, en bleu les arguments, en vert les exemples et en noir les énumérations redondantes.**

2. **Faites le plan de l'argumentation du texte en y intégrant les mots clés du texte.**

3. **Rédigez une contraction du texte de 24 à 54 mots (moyenne : 39 mots).**

★★★ **3** **Tausk, un disciple de Freud, le fondateur de la psychanalyse, « volait » des idées lorsqu'il entendait son maître discuter des siennes à l'oral. Il forgeait ses propres théories à partir des idées empruntées au maître. Ce phénomène amène Pierre Bayard à proposer une nouvelle définition des idées.**

Nous avons trop tendance, quand nous pensons au plagiat, et donc au vol d'idées, à concevoir celles-ci comme des formes fixes – tels des objets matériels aux limites nettes qu'il suffit de transporter pour en devenir propriétaires –, qu'un écrivain serait susceptible de dérober à un autre pour se les approprier. Or les idées ne sont pas des substances rigides, mais, comme les textes dans lesquelles elles viennent temporairement se déposer, des êtres vivants qui ne cessent de se mouvoir et de se transformer.

Tausk fait découvrir à Freud cette réalité terrifiante que les idées ne sont pas seulement possédées, mais *possédantes*, et qu'elles disposent d'une vie propre, ou, si l'on veut encore, que nous en sommes moins les propriétaires que les locataires. Contrairement à notre corps physique, nos idées ne nous appartiennent pas. Elles ont parfois été pensées par d'autres, elles sont parfois, en même temps que chez nous, en cours de penser chez nos contemporains, nous pouvons également nous les faire subtiliser. (165 mots)

Pierre Bayard, *Le Plagiat par anticipation*, 2009.

1. **Mettez entre crochets en rouge la thèse rejetée et la thèse défendue par l'auteur, en bleu les arguments, en vert les exemples et en noir les éléments de même sens (à synthétiser).**

2. **Faites le plan du texte en y intégrant les mots clés du texte.**

3. **Au brouillon, rédigez une contraction de texte de 25 à 57 mots (moyenne : 41 mots).**

53 Construire une réflexion dialectique

Qu'est-ce qu'un essai ?

- L'essai doit être un débat contradictoire qui consiste à **confronter des opinions**, parfois opposées, pour les confirmer ou les réfuter.
- L'originalité de cet exercice est de permettre à celui qui rédige l'essai de **donner son propre avis de manière argumentée**, raison pour laquelle on est alors autorisé à utiliser le « je » ou le « nous » scientifique.
- Dans son ensemble, le devoir est également construit pour **montrer la position que l'on veut défendre** et qui apparaît en dernier.

Comment organiser votre essai

- Pour pouvoir prendre position, vous devrez tout d'abord **bien comprendre l'opinion exprimée par l'auteur** du texte sur lequel porte la contraction. Pour vous en assurer, vous pouvez recopier cette opinion au brouillon sous forme d'une phrase et souligner ses mots clés. Vous prendrez le temps de les définir, toujours au brouillon. Ces définitions pourront être exploitées dans l'introduction de l'essai.
- Commencez par **chercher les raisons pour lesquelles l'auteur soutient son avis** : cela fera l'objet de la première partie.
- Puis **exposez l'opinion contraire, ou une autre opinion**, là encore en cherchant les raisons de la défendre.
- Enfin, **exposez votre propre opinion**, et dites si elle diverge des deux opinions précédentes.

★ **1** SUJET 1 **Les voyages et le tourisme favorisent-ils aujourd'hui l'ouverture à la diversité culturelle ?**

1. a. **Quelle est la réponse la plus évidente à cette question ? Cochez la bonne réponse.**

☐ « Oui, les voyages et le tourisme favorisent aujourd'hui l'ouverture à la diversité de la culture. »

☐ « Non, les voyages et le tourisme ne favorisent pas aujourd'hui l'ouverture à la diversité de la culture. »

b. **Pourquoi ?** ....

....

....

Boîte à outils

Un **plan dialectique** est un plan en trois parties : **thèse – antithèse** (l'idée opposée) **– synthèse** (une idée qui permet de dépasser l'opposition entre la thèse et l'antithèse). Il est généralement utilisé dans les dissertations. Un essai ne doit pas obligatoirement être dialectique. → n° 46 p. 96

2. **Pourquoi cette réponse n'est-elle pas tout à fait satisfaisante ? Trouvez au moins deux objections qu'on peut lui opposer.**

- Objection 1 : ....
- Objection 2 : ....

3. **Formulez ces deux réponses pour en faire les deux grandes parties de votre essai.**

- Thèse : ....
- Antithèse : ....

4. a. **À quoi peut-on opposer « aujourd'hui » ?** ....

b. **À partir de votre réponse, formulez une troisième partie pour votre essai.**

- Synthèse : ....

....

★★ 2 SUJET 2 **Pour défendre une idée, est-il plus efficace d'argumenter ou de raconter une histoire ?**

1. **Ce sujet comporte deux réponses : laquelle présenterez-vous en thèse ? Laquelle garderez-vous pour l'antithèse ? Pourquoi ?**

• Réponse présentée en thèse : ....

....

• Réponse présentée en antithèse : ....

....

• Justification : ....

....

2. **Trouvez une autre manière de défendre une idée que d'argumenter ou de raconter une histoire.**

....

....

3. **Formulez ces éléments sous forme de plan en trois parties pour votre essai :**

• Thèse : ....

....

• Antithèse : ....

....

• Synthèse : ....

....

★★★ 3 SUJET 3 **L'esprit des Lumières est-il encore d'actualité ?**

1. **Quelles seraient la thèse et l'antithèse en réponse à ce sujet ?**

• Thèse : ....

....

• Antithèse : ....

....

2. a. **Complétez les pistes de synthèse suivantes :**

• Opposer le temps présent au temps futur : l'esprit des Lumières sera-t-il encore pertinent .... ?

• Poser la question de l'espace : l'esprit des Lumières est-il encore d'actualité en .... ?

• Opposer la notion d'« actualité » à une autre, par exemple celle de « permanence » ou d'« éternité » : l'esprit des Lumières est-il .... ?

b. **Parmi ces pistes de synthèse, laquelle choisiriez-vous ? Justifiez votre choix.**

• Synthèse : ....

• Justification : ....

3. **Formulez ces réponses sous forme de plan en trois parties pour votre essai.**

• Thèse : ....

....

• Antithèse : ....

....

• Synthèse : ....

....

54 Les rôles de l'exemple dans l'essai

• Les **exemples** peuvent être des citations de livre ou d'article, des passages d'ouvrages de fiction ou d'argumentation, des anecdotes personnelles, des événements historiques, des chiffres (statistiques, études quantitatives...) ou des analyses (études qualitatives, résultats d'expérience scientifique, sondage d'opinion...).

• Ils servent à faire **comprendre l'argument présenté** : c'est leur fonction d'illustration.

• Dans un bon essai, ils servent également à **prouver cet argument** : c'est leur fonction argumentative.

★ **1 Recherchez des citations pertinentes.**

Boîte à outils

Tout au long de l'année, tenez un répertoire d'exemples dans lequel vous mettrez des citations qui vous marquent, le résumé de passages d'ouvrages qui vous plaisent, des statistiques... Vous n'aurez plus qu'à y piocher pendant vos devoirs à la maison, ce qui vous permettra de les retenir et de les mobiliser lors de l'épreuve sur table.

Les voyages et le tourisme favorisent-ils aujourd'hui l'ouverture à la diversité de la culture ?
I. Oui, les voyages et le tourisme favorisent aujourd'hui l'ouverture à la diversité de la culture.
II. Non, les voyages et le tourisme ne favorisent pas aujourd'hui l'ouverture à la diversité de la culture.
III. Les voyages et le tourisme favorisaient l'ouverture à la diversité de la culture hier, mais plus aujourd'hui.

→ n° 53 p. 110 et n° 55 p. 114 ex. 1

1. Dans votre manuel ou dans vos cours, dans le chapitre sur la littérature d'idées, trouvez au moins trois textes contemporains qui traitent de l'ouverture aux autres cultures.

• Texte 1 : ....

• Texte 2 : ....

• Texte 3 : ....

2. Lisez (ou relisez) ces textes et recopiez une phrase qui vous semble importante dans chacun de ces textes au sujet de l'ouverture à la diversité des cultures.

• Citation du texte 1 : ....

• Citation du texte 2 : ....

• Citation du texte 3 : ....

★★ **2 Utilisez les histoires, les images, les métaphores.**

Pour défendre une idée, est-il plus efficace d'argumenter ou de raconter une histoire ?
I. Pour défendre une idée, il est plus efficace de raconter une histoire.
II. Pour défendre une idée, il est plus efficace d'argumenter.
III. Pour convaincre et persuader, il est plus efficace d'argumenter et de raconter une histoire en même temps.

→ n° 53 p. 110 et n° 55 p. 114 ex. 2

1. Parmi les *Fables* de La Fontaine, quelle est celle que vous maîtrisez le mieux ? Quelle histoire raconte-t-elle ? Résumez-la ci-dessous. Quelle idée défend-t-elle ?

• Fable choisie : ....

- Résumé : ....

....

....

....

- Idée défendue par cette fable : ....

....

2. En quoi cette histoire est-elle efficace pour défendre l'idée de La Fontaine ?

....

....

....

★★★ **3 Référez-vous à des idées à portée universelle.**

L'esprit des Lumières est-il encore d'actualité ?
I. L'esprit des Lumières a du sens au XVIIIe siècle mais plus aujourd'hui.
II. L'esprit des Lumières peut encore avoir du sens au XXIe siècle.
III. L'esprit des Lumières sera toujours d'actualité.

→ n° 53 p. 110 et n° 55 p. 114 ex. 3

1. Quels auteurs des Lumières connaissez-vous ? Quelle est l'œuvre que vous pouvez citer les concernant ?

- Auteur des Lumières n° 1 : .... Œuvre : ....
- Auteur des Lumières n° 2 : .... Œuvre : ....

2. En quoi ces œuvres traitent-elles de questions qui se poseront toujours aux êtres humains ? Identifiez ces questions ci-dessous :

- Question traitée par l'œuvre n° 1 : ....

Pourquoi sera-t-elle toujours d'actualité : ....

....

....

- Question traitée par l'œuvre n° 2 : ....

Pourquoi sera-t-elle toujours d'actualité : ....

....

....

3. Dans votre manuel ou dans vos cours, trouvez une citation ou résumez un passage de chacune de ces œuvres qui soit en lien direct avec les questions identifiées.

- Citation ou résumé du passage de l'œuvre n° 1 : ....

....

- Citation ou résumé de l'œuvre n° 2 : ....

....

55 Rédiger un paragraphe argumenté

Qu'est-ce qu'un paragraphe argumenté ?

Un **paragraphe argumenté** est une partie de texte construite autour d'un argument.
Il est **une étape** dans un raisonnement plus long.

Comment construire un paragraphe argumenté ?

- Un paragraphe argumenté commence par une phrase donnant **l'idée générale à défendre**.
- On y donne ensuite l'argument développé, là encore sous la forme d'une phrase.
On développe cet argument et on y associe **un exemple** (citation, passage d'un ouvrage, anecdote, chiffres de statistique, événement historique, etc.) qui montre sa validité.
- On finit par une **phrase de conclusion**, qui rappelle l'argument qui a été prouvé sous forme d'une phrase précise et brève, dans laquelle on peut employer un connecteur logique comme *donc* ou *par conséquent*.

★★ 1 Préparer un paragraphe argumenté

Les voyages et le tourisme favorisent-ils aujourd'hui l'ouverture à la diversité de la culture ?
I. Oui, les voyages et le tourisme favorisent aujourd'hui l'ouverture à la diversité de la culture.
II. Non, les voyages et le tourisme ne favorisent pas aujourd'hui l'ouverture à la diversité de la culture.
III. Les voyages et le tourisme favorisaient l'ouverture à la diversité de la culture hier, mais plus aujourd'hui.

→ n° 53 p. 110 et n° 54 p. 112 ex. 1

1. Rappelez quelles sont les étapes de rédaction d'un paragraphe argumenté.

- On commence par : ....
- On argumente en utilisant : ....
- On conclut le paragraphe en : ....

2. a. Dans votre manuel ou dans vos cours, dans le chapitre sur la littérature d'idées, trouvez une citation qui traite de l'ouverture aux autres cultures.

....

....

b. En quoi cette citation vous permet-elle de défendre l'idée que les voyages et le tourisme favorisent aujourd'hui l'ouverture à la diversité de la culture ?

....

....

....

3. Préparez une phrase de conclusion qui montre que vous avez bien défendu l'idée que vous annonciez au début pour la partie I. Elle peut reprendre les termes du sujet.

....

....

....

★★ 2 **Rédiger des éléments de paragraphe argumenté**

> **Pour défendre une idée, est-il plus efficace d'argumenter ou de raconter une histoire ?**
> **I.** Pour défendre une idée, il est plus efficace de raconter une histoire.
> **II.** Pour défendre une idée, il est plus efficace d'argumenter.
> **III.** Pour convaincre et persuader, il est plus efficace d'argumenter et de raconter une histoire en même temps.

→ n° 53 p. 110 et n° 54 p. 112 ex. 2

1. Choisissez une fable de la Fontaine ou reprenez celle que vous avez utilisée en faisant la fiche 54. Commencez la rédaction de la deuxième partie de l'essai en expliquant en une phrase comment l'histoire développée dans cette fable est efficace pour défendre l'idée de l'auteur.

....

....

2. Rédigez la présentation d'un des exemples que vous avez trouvés dans l'exercice 2 de la fiche 54 en vous inspirant des réponses que vous y avez faites.

....

....

....

3. Rédigez une phrase de conclusion à ce paragraphe.

....

....

★★★ 3 **Rédiger un paragraphe argumenté complet**

> **L'esprit des Lumières est-il encore d'actualité ?**
> **I.** L'esprit des Lumières a du sens au XVIIIe siècle mais plus aujourd'hui.
> **II.** L'esprit des Lumières peut encore avoir du sens au XXIe siècle.
> **III.** L'esprit des Lumières sera toujours d'actualité.

→ n° 53 p. 110 et n° 54 p. 112 ex. 3

1. Pour la partie III de votre essai, rappelez en une phrase les idées défendues dans les parties I et II, puis en une autre phrase annoncez l'idée que vous allez défendre dans cette dernière partie.

- Phrase de bilan des parties précédentes : ....

....

- Phrase d'annonce de la troisième partie : ....

....

2. Dans votre manuel ou dans vos cours, ou dans la fiche 54 si vous avez fait l'exercice 3, choisissez une citation ou résumez un passage d'une œuvre qui soit en lien direct avec la partie III. Puis rédigez la présentation de cet exemple en expliquant en quoi il illustre l'idée. ....

....

....

3. Rédigez une phrase de conclusion.

....

....

....

56 L'épreuve de français au bac

Écrit (Coefficient 5)

	Bac général			Bac technologique		
4 HEURES	Commentaire composé d'un texte	OU	Dissertation sur une œuvre intégrale lue dans l'année et le parcours de lecture associé	Commentaire composé d'un texte (roman, poésie ou théâtre)	OU	Contraction d'un texte d'argumentation + essai à partir de ce texte

Oral (Coefficient 5)

Le texte sur lequel le candidat est interrogé est l'un des textes étudiés dans l'année en explication linéaire avec le professeur. Ces textes sont présentés dans un descriptif élaboré en classe et validé par le chef d'établissement. C'est l'examinateur qui choisit le texte sur lequel le candidat est interrogé le jour J.
Le candidat ne connaît le choix de l'examinateur qu'au moment de l'examen. Après avoir préparé son oral, le candidat prend la parole seul (lecture, explication linéaire, réponse à la question de grammaire, présentation d'une œuvre lue dans l'année).
L'oral se conclut par un échange avec l'examinateur (entretien).

Bac général et bac technologique		
30 minutes	PRÉPARATION	Préparation
20 minutes	PASSAGE	2 minutes de lecture à voix haute 8 minutes d'explication linéaire d'un texte étudié dans l'année 2 minutes de réponse à la question de grammaire
		10 minutes de présentation d'une lecture faite dans l'année (intégrale ou cursive) suivie d'un entretien avec l'examinateur sur ce seul point

Quelques conseils pour le jour du bac

Écrit

- **Préparez votre matériel :**

– une montre ;
– des crayons ;
– un rouleau correcteur, etc.

- **N'oubliez pas votre convocation et votre carte d'identité.**

Attention ! Le téléphone portable est interdit. Ne portez pas de montre connectée, qui pourrait être interdite également.

• Pendant l'épreuve, **prenez votre temps**. Ne bâclez pas votre travail : **utilisez pleinement les quatre heures** qui sont à votre disposition.

> **Boîte à outils**
>
> Même si vous prenez votre temps, ne rédigez pas tout votre devoir au brouillon, seulement le plan et, éventuellement, l'introduction.

• **Gardez quelques minutes pour vous relire.**

> **Boîte à outils**
>
> Pendant l'année, identifiez les fautes que vous faites le plus souvent et relisez votre copie en ciblant votre correction sur ces fautes (*a/à, ou/où, é/er/ez*, la ponctuation, l'accord du pluriel, les accents, les majuscules, etc.).

• Tout compte ! **Soyez méticuleux jusqu'au bout et pensez bien à :**
- souligner les titres d'ouvrage et les locutions en langue étrangère ;
- écrire lisiblement ;
- respecter les sauts de ligne et les alinéas.

Oral

• **Soignez votre apparence.**

N'arrivez pas à l'oral du bac en short, jupe ou robe courtes ou en tongs ! Préférez les pantalons ou jupe et robe d'une longueur convenable et les chemises, évitez les jeans troués, les tee-shirts avec des slogans ou les sweats à capuche... Même s'il fait chaud, vous devez **être présentable** !

• **Soyez poli.**

– **Saluez** votre examinateur, tenez-vous droit et attendez qu'il vous y invite pour commencer à parler : on n'a qu'une occasion de faire **une première bonne impression**.

– Lors de l'entretien, ne coupez pas la parole de votre examinateur et **ne surinterprétez pas** le ton de sa voix ou sa mine : le but de l'entretien est de vous aider à vous mettre en valeur, pas de vous déstabiliser.

> **Boîte à outils**
>
> **Faites-vous confiance !**
> Dégagez une impression de sérénité pour aborder le plus efficacement possible cette épreuve.
> Après tout, elle ne dure que 20 minutes : vous verrez, le temps sera vite passé !

57 Sujet de type Bac pour la voie générale
Le théâtre

Commentaire composé

Vous proposerez un commentaire raisonné du texte suivant.

ELMIRE. – On tient que mon mari veut dégager sa foi
Et vous donner sa fille : Est-il vrai, dites-moi ?
TARTUFFE. – Il m'en a dit deux mots ; mais, Madame, à vrai dire,
Ce n'est pas le bonheur après quoi je soupire,
Et je vois autre part les merveilleux attraits
De la félicité qui fait tous mes souhaits.
ELMIRE. – C'est que vous n'aimez rien des choses de la terre.
TARTUFFE. – Mon sein n'enferme pas un cœur qui soit de pierre.
ELMIRE. – Pour moi, je crois qu'au Ciel tendent tous vos soupirs,
Et que rien ici-bas n'arrête vos désirs.
TARTUFFE. – L'amour qui nous attache aux beautés éternelles
N'étouffe pas en nous l'amour des temporelles,
[...] Et je n'ai pu vous voir, parfaite créature,
Sans admirer en vous l'auteur de la nature,
Et d'une ardente amour sentir mon cœur atteint
Au plus beau des portraits où lui-même il s'est peint.
D'abord j'appréhendai que cette ardeur secrète
Ne fût du noir esprit une surprise adroite,
Et même à fuir vos yeux mon cœur se résolut,
Vous croyant un obstacle à faire mon salut.
Mais enfin je connus, ô beauté toute aimable,
Que cette passion peut n'être point coupable ;
Que je puis l'ajuster avecque la pudeur,
Et c'est ce qui m'y fait abandonner mon cœur.
Ce m'est, je le confesse, une audace bien grande
Que d'oser de ce cœur vous adresser l'offrande ;
Mais j'attends en mes vœux tout de votre bonté,
Et rien des vains efforts de mon infirmité.
En vous est mon espoir, mon bien, ma quiétude :
De vous dépend ma peine ou ma béatitude,
Et je vais être enfin, par votre seul arrêt,
Heureux, si vous voulez, malheureux, s'il vous plaît.
ELMIRE. – La déclaration est tout à fait galante ;
Mais elle est, à vrai dire, un peu bien surprenante.
Vous deviez, ce me semble, armer mieux votre sein
Et raisonner un peu sur un pareil dessein.
Un dévot comme vous, et que partout on nomme...
TARTUFFE. – Ah ! pour être dévot, je n'en suis pas moins homme.

Molière, *Le Tartuffe*, III, 3, 1669.

Dissertation

SUJET : Quel type de héros comique est Figaro dans *Le Mariage de Figaro* de Beaumarchais ?

MINI-LIENS Aide à la dissertation : **minilienrobert.com/1F2057**

58 Sujet de type Bac pour la voie générale
La poésie

Commentaire composé

Vous proposerez un commentaire raisonné du texte suivant.

Comme dans l'éponge il y a dans l'orange une aspiration à reprendre contenance après avoir subi l'épreuve de l'expression. Mais où l'éponge réussit toujours, l'orange jamais : car ses cellules ont éclaté, ses tissus se sont déchirés. Tandis que l'écorce seule se rétablit mollement dans sa forme grâce à son élasticité, un liquide d'ambre s'est répandu, accompagné de rafraîchissement, de parfums suaves, certes, – mais souvent aussi de la conscience amère d'une expulsion prématurée de pépins.

Faut-il prendre parti entre ces deux manières de mal supporter l'oppression ? – L'éponge n'est que muscle et se remplit de vent, d'eau propre ou d'eau sale selon : cette gymnastique est ignoble. L'orange a meilleur goût, mais elle est trop passive, – et ce sacrifice odorant... c'est faire à l'oppresseur trop bon compte vraiment.

Mais ce n'est pas assez avoir dit de l'orange que d'avoir rappelé sa façon particulière de parfumer l'air et de réjouir son bourreau. Il faut mettre l'accent sur la coloration glorieuse du liquide qui en résulte et qui, mieux que le jus de citron, oblige le larynx à s'ouvrir largement pour la prononciation du mot comme pour l'ingestion du liquide, sans aucune moue appréhensive de l'avant-bouche dont il ne fait pas hérisser les papilles.

Et l'on demeure au reste sans paroles pour avouer l'admiration que suscite l'enveloppe du tendre, fragile et rose ballon ovale dans cet épais tampon-buvard humide dont l'épiderme extrêmement mince mais très pigmenté, acerbement sapide, est juste assez rugueux pour accrocher dignement la lumière sur la parfaite forme du fruit.

Mais à la fin d'une trop courte étude, menée aussi rondement que possible, – il faut en venir au pépin. Ce grain, de la forme d'un minuscule citron, offre à l'extérieur la couleur du bois blanc de citronnier, à l'intérieur un vert de pois ou de germe tendre. C'est en lui que se retrouvent, après l'explosion sensationnelle de la lanterne vénitienne de saveurs, couleurs, et parfums que constitue le ballon fruité lui-même, – la dureté relative et la verdeur (non d'ailleurs entièrement insipide) du bois, de la branche, de la feuille : somme toute petite quoique avec certitude la raison d'être du fruit.

Francis Ponge, « L'orange », *Le Parti pris des choses*, 1942.

Dissertation

SUJET : En quoi la poésie d'Apollinaire est-elle moderne ?

59 Sujet de type Bac pour la voie technologique Littérature d'idées et roman

Contraction de texte

Vous résumerez ce texte en 254 mots. Une tolérance de plus à moins 10 % est admise : votre travail comptera au moins 229 mots et au plus 279 mots.
Vous placerez un repère dans votre travail tous les 50 mots.

*Dans l'*Encyclopædia Universalis, *Yves Suaudeau définit l'ethnocentrisme à partir de deux attitudes distinctes.*

Attitude collective à caractère anthropocentrique, l'ethnocentrisme correspond aux différentes formes que prend le refus de la diversité des cultures. La négation des cultures « autres » en laquelle consiste l'ethnocentrisme se manifeste, notamment, de [deux] façons différentes : répudiation pure et simple des autres cultures ; négation par assimilation à soi. [...]

I. Nier l'humanité de l'autre

Le rejet pur et simple des formes de culture éloignées de celles auxquelles les membres d'une société s'identifient peut se manifester diversement : il se traduit notamment dans deux formes de négation, ou verbale, ou physique et directe. Dans la civilisation occidentale et dès l'Antiquité gréco-latine, l'application du terme générique de Barbaroi[1] aux peuples non helléniques[2] exprime bien le frisson, sinon une certaine répulsion des Grecs face aux manières de vivre, de croire ou de penser qui leur étaient étrangères ; il y a là, traduit dans le langage, un rejet direct, ayant valeur de négation franche, des cultures autres que grecques. Par l'application générale du terme « barbare », les Grecs refusent de reconnaître la diversité des autres cultures, l'appartenance des étrangers à des sociétés autres et en même temps l'identité propre de ces cultures, de ces sociétés et des individus qui les composent. De plus, l'épithète même de *barbaros* renvoyant étymologiquement à la forme [...] inférieure du langage des oiseaux, son application indistincte à tout donné étranger équivaut à refuser à celui-ci ce caractère hautement humain que le Grec accorde à son langage. L'usage d'une telle épithète exprime donc, à l'extrême, une réduction de l'humanité à la seule hellénité[3]. De même, plus tard, la qualification de « sauvage » (l'adjectif latin *silvester* désigne tout ce qui est « de la forêt ») rejette dans une catégorie de l'infrahumain des individus et des sociétés auxquelles on attribue un genre de vie qui les rapproche plus de la vie animale que de la culture humaine. Un tel ethnocentrisme, ainsi manifesté, laisse apparaître une distinction fondée sur l'opposition entre nature et culture : pour nombre de Grecs de même que pour maints colons européens des Temps modernes, le « barbare » et le « sauvage » sont situés et apparaissent aux marges, à la limite d'un système qui est celui de la culture du locuteur[4]. [...]

Outre cette façon, fort ancienne, de répudier les cultures en niant la singularité de l'autre, il existe une forme également immédiate de répudier celui-ci qui se manifeste dans des formes de destruction directe : destruction à terme des conditions de subsistance des différentes cultures et des conditions de survie des sociétés qui les véhiculent, l'ethnocide de même que le génocide sont des manifestations à caractère hautement ethnocentrique[8]. De tels processus ou actes correspondent à une attitude qui atteint par violence la personne physique de l'autre et tout ce qui touche à sa culture. À la différence de la négation verbale de l'autre, qui reste quelque chose d'indistinct, ces deux pratiques nient l'autre dans son mode d'existence collective spécifique, et se justifient par projection sur les sociétés visées de stéréotypes, d'images figées par les jugements préconçus. Ainsi, aux yeux des membres de la société destructrice, l'action apparaît bonne et même bénéfique ; les cultures et/ou les communautés atteintes sont d'emblée jugées « autres », donc inférieures, et cette infériorité est considérée comme mauvaise. Tout se passe comme si l'esprit des sociétés dominatrices fonctionnait sur un modèle à la fois essentialiste[5], manichéen[6] et autistique[7]. Ces sociétés croient qu'elles concentrent en elles-mêmes l'« humanité », l'« être », le « vrai » et le « bien » ; elles attribuent aux autres communautés une réalité moindre, et jugent leurs données culturelles inférieures, erronées, et parfois même mauvaises. Ainsi ethnocide et génocide constituent-ils, compte tenu des jugements qui les fondent, une forme de destruction directe de l'autre telle que, par négation directe et physique, elle rend impensable la distance à celui-ci.

II. Assimiler l'autre à soi

Outre les répudiations pures et simples des autres cultures, l'ethnocentrisme[8] fonctionne aussi, comme pratique négative, par assimilation de l'autre à soi. [...] L'acte négateur fait alors connaître l'autre comme non distant, comme identique, ce qui interdit de poser le problème de la différence et de reconnaître l'identité et l'originalité de l'autre culture. D'un tel ethnocentrisme, on trouve des exemples dans certaines « mesures » d'assimilation des minorités ethniques et/ou culturelles qu'adoptent certains pays. Ainsi, qu'il s'agisse, au XIXe siècle, de l'attitude du gouvernement des États-Unis manifestée dans ses législations les plus favorables à l'égard des Indiens ou des mesures de francisation adoptées en 1965 et destinées à intégrer les Indiens de la Guyane française, les pratiques assimilationnistes expriment souvent une vision ethnocentrique et sont homogènes à l'ethnocentrisme fondamental qui les anime. La volonté d'assimilation chez les tenants d'une culture qui imposent par décision administrative ou politique leurs règles à une autre culture repose sur un ensemble d'idées erronées : l'état dans lequel se trouve telle autre population est considéré comme un stade vers une civilisation plus parfaite, celle du locuteur. Corrélativement, les données propres au cadre naturel, au mode de vie et aux expressions culturelles afférentes[9] sont considérées comme négligeables, et méconnues sinon inconnues. Un tel stéréotype repose sur un faux évolutionnisme qui s'appuie sur deux idées : d'une part, l'idée selon laquelle il y aurait des degrés sur le chemin de la civilisation – ce qui suppose l'existence de moindres civilisations –, d'autre part, l'idée de changement possible de l'enveloppe culturelle[10]. Cette conception évolutionniste implique donc que celui, individu ou société, qui pense ainsi vit sa culture comme une enveloppe, un donné interchangeable. Ainsi, et tel est l'un des principaux résultats de l'assimilation, en disant que l'autre « est un moindre soi » et en prétendant l'assimiler, l'homme d'une culture donnée nie la distance qui le sépare d'une culture autre pour ne pas reconnaître en elle un système différent. (1016 mots)

Yves Suaudeau, « Ethnocentrisme », *Encyclopædia Universalis*.

1. Barbaroi : en grec, « personne qui n'est pas grecque » et par extension « barbare ». **2. Non helléniques :** qui n'étaient pas Grecs. **3. Hellénité :** culture grecque. **4. Locuteur :** énonciateur, personne qui parle. **5. Essentialiste :** qui part d'un cas particulier pour en faire une nécessité universelle. **6. Manichéen :** opposant les civilisations l'une contre l'autre. **7. Autistique :** incapable de communiquer avec les autres. **8. Ethnocentrisme :** comportement d'un individu qui consiste à surestimer inconsciemment son groupe culturel ou géographique, et à sous-estimer par principe (souvent à travers une série de préjugés) les autres groupes culturels ou géographiques. **9. Afférentes :** associées. **10. Enveloppe culturelle :** culture personnelle d'un individu envisagée comme un élément enveloppant, un vêtement remplaçable.

MINI-LIENS
Aide à la contraction de texte : minilienrobert.com/1F2058

Essai

SUJET : Comment les écrivains des Lumières interrogent-ils le rapport entre civilisation et tolérance ?

Vous répondrez dans un développement structuré et argumenté, en vous appuyant sur votre lecture de *L'Ingénu* de Voltaire, sur les textes étudiés en classe et sur vos lectures et votre culture personnelles.

Commentaire

Vous proposerez un commentaire raisonné du texte suivant.

Elle s'était appuyée contre l'embrasure de la mansarde, et elle relisait la lettre avec des ricanements de colère. Mais plus elle y fixait d'attention, plus ses idées se confondaient. Elle le revoyait, elle l'entendait, elle l'entourait de ses deux bras ; et des battements de cœur, qui la frappaient sous la poitrine comme à grands coups de bélier, s'accéléraient l'un après l'autre, à intermittences inégales. Elle jetait les yeux tout autour d'elle avec l'envie que la terre croulât. Pourquoi n'en pas finir ? Qui la retenait donc ? Elle était libre. Et elle s'avança, elle regarda les pavés en se disant :

– Allons ! allons !

Le rayon lumineux qui montait d'en bas directement tirait vers l'abîme le poids de son corps. Il lui semblait que le sol de la place oscillant s'élevait le long des murs, et que le plancher s'inclinait par le bout, à la manière d'un vaisseau qui tangue. Elle se tenait tout au bord, presque suspendue, entourée d'un grand espace. Le bleu du ciel l'envahissait, l'air circulait dans sa tête creuse, elle n'avait qu'à céder, qu'à se laisser prendre ; et le ronflement du tour ne discontinuait pas, comme une voix furieuse qui l'appelait.

– Ma femme ! ma femme ! cria Charles.

Elle s'arrêta.

– Où es-tu donc ? Arrive !

L'idée qu'elle venait d'échapper à la mort faillit la faire s'évanouir de terreur ; elle ferma les yeux ; puis elle tressaillit au contact d'une main sur sa manche : c'était Félicité.

– Monsieur vous attend, Madame ; la soupe est servie.

Et il fallut descendre ! il fallut se mettre à table ! »

Gustave Flaubert, *Madame Bovary*, 1857.

MINI-LIENS Aide à l'essai : **minilienrobert.com/1F2059**

60 Sujet de type Bac pour la voie technologique Littérature d'idées et poésie

Contraction de texte

Vous résumerez ce texte en 254 mots. Une tolérance de plus à moins 10 % est admise : votre travail comptera au moins 229 mots et au plus 279 mots. Vous placerez un repère dans votre travail tous les 50 mots.

Dans la conclusion d'une étude sur les tribus amérindiennes d'Amérique du Sud, Claude Lévi-Strauss s'interroge sur les tabous sociaux qui varient d'une culture à l'autre, et sur les imperfections internes à chaque société.

Aucune société n'est parfaite. Toutes comportent par nature une impureté incompatible avec les normes qu'elles proclament, et qui se traduit concrètement par une certaine dose d'injustice, d'insensibilité, de cruauté. Comment évaluer cette dose ? L'enquête ethnographique y parvient. Car, s'il est vrai que la comparaison d'un petit nombre de sociétés les fait apparaître très différentes entre elles, ces différences s'atténuent quand le champ d'investigation s'élargit. On découvre alors qu'aucune société n'est foncièrement bonne ; mais aucune n'est absolument mauvaise. Toutes offrent certains avantages à leurs membres, compte tenu d'un résidu d'iniquité[1] dont l'importance paraît approximativement constante et qui correspond peut-être à une inertie spécifique qui s'oppose, sur le plan de la vie sociale, aux efforts d'organisation.

Cette proposition surprendra l'amateur de récits de voyages, ému au rappel des coutumes « barbares » de telle ou telle peuplade. Pourtant, ces réactions à fleur de peau ne résistent pas à une appréciation correcte des faits et à leur rétablissement dans une perspective élargie. Prenons le cas de l'anthropophagie qui, de toutes les pratiques sauvages, est sans doute celle qui nous inspire le plus d'horreur et de dégoût. On devra d'abord en dissocier les formes proprement alimentaires, c'est-à-dire celles où l'appétit pour la chair humaine s'explique par la carence d'autre nourriture animale, comme c'était le cas dans certaines îles polynésiennes. De telles fringales[2], nulle société n'est moralement protégée ; la famine peut entraîner les hommes à manger n'importe quoi : l'exemple récent des camps d'extermination le prouve.

Restent alors les formes d'anthropophagie qu'on peut appeler positives, celles qui relèvent d'une cause mystique, magique ou religieuse : ainsi l'ingestion d'une parcelle du corps d'un ascendant ou d'un fragment d'un cadavre ennemi, pour permettre l'incorporation de ses vertus ou encore la neutralisation de son pouvoir ; outre que de tels rites s'accomplissent le plus souvent de manière fort discrète, portant sur de menues quantités de matière organique pulvérisée ou mêlée à d'autres aliments, on reconnaîtra, même quand elles revêtent des formes plus franches, que la condamnation morale de telles coutumes implique soit une croyance dans la résurrection corporelle qui serait compromise par la destruction matérielle du cadavre, soit l'affirmation d'un lien entre l'âme et le corps et le dualisme correspondant, c'est-à-dire des convictions qui sont de même nature que celles au nom desquelles la consommation rituelle est pratiquée, et que nous n'avons pas de raison de leur préférer. D'autant plus que la désinvolture vis-à-vis de la mémoire du défunt, dont nous pourrions faire grief au cannibalisme, n'est certainement pas plus grande, bien au contraire, que celle que nous tolérons dans les amphithéâtres de dissection.

Mais surtout, nous devons nous persuader que certains usages qui nous sont propres, considérés par un observateur relevant d'une société différente, lui apparaîtraient de même nature que cette anthropophagie qui nous semble étrangère à la notion de civilisation. À les étudier du dehors, on serait tenté d'opposer deux types de société : celles qui pratiquent l'anthropophagie, c'est-à-dire qui voient dans l'absorption de certains individus détenteurs de forces redoutables le seul moyen de neutraliser celles-ci, et même de les mettre à profit ; et celles qui, comme la nôtre, adoptent ce qu'on pourrait appeler l'anthropopémie (du grec *émein*, vomir) ; placées devant le même problèmes, elles ont choisi la solution inverse, consistant à expulser ces êtres redoutables hors du corps social en les tenant temporairement ou définitivement isolés, sans contact avec l'humanité, dans des établissements destinés à cet usage. À la plupart des sociétés que nous appelons primitives, cette coutume inspirerait une horreur profonde ; elle nous marquerait à leurs yeux de la même barbarie que nous serions tentés de leur imputer en raison de leurs coutumes symétriques.

Des sociétés, qui nous paraissent féroces à certains égards, savent être humaines et bienveillantes quand on les envisage sous un autre aspect. Considérons les Indiens des plaines de l'Amérique du Nord qui sont ici doublement significatifs, parce qu'ils ont pratiqué certaines formes modérées d'anthropophagie, et qu'ils offrent un des rares exemples de peuple primitif doté d'une police organisée. Cette police (qui était aussi un corps de justice) n'aurait jamais conçu que le châtiment du coupable dût se traduire par une rupture des liens sociaux. Si un indigène avait contrevenu aux lois de la tribu, il était puni par la destruction de tous ses biens : tente et chevaux. Mais du même coup, la police contractait une dette à son égard ; il lui incombait d'organiser la réparation collective du dommage dont le coupable avait été, pour son châtiment, la victime. Cette réparation faisait de ce dernier l'obligé du groupe, auquel il devait marquer sa reconnaissance par des cadeaux que la collectivité entière – et la police elle-même – l'aidait à rassembler, ce qui inversait de nouveau les rapports ; et ainsi de suite, jusqu'à ce que, au terme de toute une série de cadeaux et de contre-cadeaux, le désordre antérieur fût progressivement amorti et que l'ordre initial eût été restauré. Non seulement de tels usages sont plus humains que les nôtres, mais ils sont aussi plus cohérents, même en formulant le problème dans les termes de notre moderne psychologie : en bonne logique, l'« infantilisation » du coupable impliquée par la notion de punition exige qu'on lui reconnaisse un droit corrélatif[3] à une gratification, sans laquelle la démarche première perd son efficacité, si même elle n'entraîne pas des résultats inverses de ceux qu'on espérait. Le comble de l'absurdité étant, à notre manière, de traiter simultanément le coupable comme un enfant pour nous autoriser à le punir, et comme un adulte afin de lui refuser la consolation ; et croire que nous avons accompli un grand progrès spirituel parce que, plutôt que de consommer quelques-uns de nos semblables, nous préférons les mutiler physiquement et moralement.

De telles analyses, conduites sincèrement et méthodiquement, aboutissent à deux résultats : elles instillent un élément de mesure et de bonne foi dans l'appréciation des coutumes et des genres de vie les plus éloignés des nôtres, sans pour autant leur conférer des vertus absolues qu'aucune société ne détient. Et elles dépouillent nos usages de cette évidence que le fait de n'en point connaître d'autre [...] suffit à leur prêter. (1017 mots)

Claude Lévi-Strauss, *Tristes Tropiques*, 1955.

1. Iniquité : injustice. **2. Fringales :** faims, famines. **3. Corrélatif :** en conséquence, du même coup.

Essai

SUJET 1 : Pensez-vous que la découverte réciproque de deux sociétés puisse amener ces sociétés à s'améliorer l'une l'autre ?

SUJET 2 : Comment le regard de l'autre permet-il d'éclairer différemment les valeurs d'une société ?
Vous répondrez à l'un des deux sujets dans un développement structuré et argumenté, en vous appuyant sur votre lecture des « Cannibales » de Montaigne, sur les textes étudiés en classe et sur vos lectures et votre culture personnelles.

Commentaire

Vous proposerez un commentaire raisonné du poème suivant.

Allégeance

Dans les rues de la ville il y a mon amour. Peu importe où il va dans le temps divisé. Il n'est plus mon amour, chacun peut lui parler. Il ne se souvient plus ; qui au juste l'aima ?

Il cherche son pareil dans le vœu des regards. L'espace qu'il parcourt est ma fidélité. Il dessine l'espoir et léger l'éconduit. Il est prépondérant sans qu'il y prenne part.

Je vis au fond de lui comme une épave heureuse. À son insu, ma solitude est son trésor. Dans le grand méridien où s'inscrit son essor, ma liberté le creuse.

Dans les rues de la ville il y a mon amour. Peu importe où il va dans le temps divisé. Il n'est plus mon amour, chacun peut lui parler. Il ne se souvient plus ; qui au juste l'aima et l'éclaire de loin pour qu'il ne tombe pas ?

René Char, « Allégeance », *Éloge d'une soupçonnée*, 1988.

Jeu d'évasion littéraire

Nous sommes en 1848, dans les beaux quartiers de Paris.
Vous êtes Alfred de Musset vous avez commencé à écrire une courte pièce de théâtre pour amuser votre public. Vous avez créé deux personnages, une marquise et un comte, qui se voient souvent, mais dont la relation se trouve dans une impasse : le comte est follement épris de la marquise, mais, si la langue bien pendue de celle-ci le fascine et le ravit, elle l'intimide tout autant et il n'ose pas déclarer ses sentiments.
Au fur et à mesure que votre écriture avance, vous devez trouver des idées pour conduire le comte à faire le premier pas et à se déclarer avant que la marquise, dépitée par la timidité du comte, n'accorde ses faveurs à un autre prétendant !

MINI-LIENS
Téléchargez le texte lié à ce jeu sur : lyceen.lerobert.com ou par ce mini-lien : minilienrobert.com/1F2100

Étape 1

Il faut qu'une porte soit ouverte ou fermée
PROVERBE EN UN ACTE D'ALFRED DE MUSSET, 1845

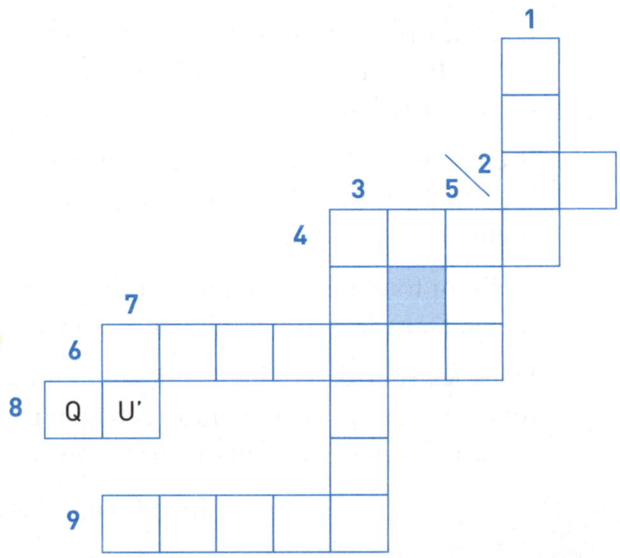

Vous venez d'écrire le début de votre pièce, *Il faut qu'une porte soit ouverte ou fermée*. Relisez-vous jusqu'à la ligne 49 [*"Il se lève, salue et ouvre la porte* – Adieu madame, à jeudi soir"].

Le comte est sur le point de s'en aller. Vous devez imaginer un prétexte pour le faire rester chez la marquise. Pour vous inspirer, remplissez la grille de mots croisés en vous aidant des deux définitions et des autres indices autour de cette grille.

Verticalement

1. Auxiliaire *être* au _ _ _ _ _ _ _ _ _ _ _ présent à la 3e personne du singulier
3. Participe passé féminin du verbe *fermer*
5. ....
7. ....

Horizontalement

2. ....
4. ....
6. ....
8. ....
9. ....

Maintenant, complétez les définitions manquantes des mots croisés avec la nature grammaticale des mots de la grille correspondants.

1. Prenez la marque de l'accord du mot 3 : _
2. Prenez la quatrième lettre de l'auxiliaire : _
3. Prenez la première lettre de la nature grammaticale du mot 9 : _
4. Prenez la première lettre de la nature grammaticale du mot 4 : _

Trouvez les quatre lettres et mettez-les dans l'ordre. Voici le prétexte météorologique que vous avez inventé pour donner au comte une excuse pour rester et à la marquise une bonne raison de le retenir.

_ _ _ _

Étape 2

Vous avez poursuivi l'écriture de votre pièce.

Relisez ce que vous venez d'écrire jusqu'à la ligne 127 ["*Il se lève et ouvre la porte*"]. Cette fois, le comte veut partir parce que la comtesse a fait naître en lui un sentiment fort désagréable.

Quel est ce sentiment ? Trouvez les huit lettres, puis mettez-les dans l'ordre.

Lorsqu'elle critique l'attitude des hommes envers les femmes, la marquise utilise un **vocabulaire haut en couleur** :

1. JOLIE .... Je commence ce compliment que la marquise déteste : _
2. .... Je commence le déterminant : _
3. .... Je commence les insultes et ici, on me trouve trois fois : _
4. .... Dans cette situation, je reste muette : _
5. .... Si la solution de la devinette n° 3 me suit, on ne m'entend plus telle que je suis : _
6. .... Donnez la troisième lettre commune entre ce mot et l'événement auquel la marquise doit se rendre le soir : _
7. .... Je précède la même consonne et pourtant, on ne m'entend qu'une fois : _
8. .... Je suis une voyelle qui joue deux rôles bien différents dans ces deux mots : _

Notez ici le sentiment que la marquise a provoqué volontairement chez le comte.

_ _ _ _ _ _ _ _

Étape 3

Vous avez poursuivi l'écriture de votre pièce en continuant à jouer avec les sentiments de vos personnages.

Relisez ce que vous avez écrit jusqu'à la ligne 202 ["*Il ouvre la porte*"]. Trouvez la solution de ce petit puzzle lexical, elle vous donnera une bonne idée pour empêcher le comte vexé de quitter la marquise.

Pour ce faire, construisez le chemin de mots qui conduit de "O" à "NOTER", puis poursuivez-le pour découvrir un phénomène météorologique qui permettra à la marquise de déconseiller au comte de sortir.

Ajoutez une lettre à chaque étape. Vous pouvez modifier l'ordre des lettres.

O

_ _

_ _ _

_ _ _ _

NOTER

_ _ _ _ _ _

_ _ _ _ _ _ _

Notez ici le phénomène météorologique.

_ _ _ _ _ _ _ _

Étape 4

Vous approchez de la fin de votre histoire et vous devez dès à présent en décider l'issue. Quelle sera-t-elle ? Votre solution tient en sept lettres.

1. Prenez les deux voyelles qu'on ne trouve qu'une fois dans les mots croisés de la première étape : _
2. Prenez la dernière lettre du mot trouvé à la deuxième étape : _
3. Calculez le total des réponses aux quatre questions ci-dessous et trouvez la lettre correspondante : total = _ lettre = _
   a. Quel âge a la marquise qui se sent devenir vieille ?
   30 ans (+1) ou 35 ans (+2)
   b. De qui le comte est-il jaloux ?
   de M. Camus (+3) ou des Italiens (+4)
   c. De quoi la marquise traite-t-elle le comte ?
   d'impatient (+5) ou d'impertinent (+6)
   d. La marquise méprise les hommes parce qu'elle trouve qu'ils abusent d'un ingrédient culinaire lorsqu'ils font leur cour aux femmes. Quel est cet ingrédient ?
   la moutarde (+7), le sucre (+8) ou le sel (+9)
4. Prenez la première lettre du nom de la forme de politesse spécifique aux hommes envers les femmes : _ _ _ _ _ _ _ _ _ _
5. Prenez la troisième lettre de la solution de la troisième étape et notez la lettre qui la précède dans l'alphabet : _
6. Enfin, donnez la première lettre du sentiment du comte envers la marquise : _

Notez ici l'idée de génie qui vous est venue.

_ _ _ _ _ _ _

Étape 5

Parviendrez-vous à les faire tomber d'accord ? Comment ?

Vous avez écrit la fin de l'histoire. Relisez-vous. Êtes-vous satisfait de votre choix ? Vos personnages n'ont maintenant plus qu'une chose à faire :

Aller acheter une _ _ _ _ _ chez monsieur Fossin !

MINI-LIENS Texte de la pièce de Musset : minilienrobert.com/1F2jeu